JN305420

立花愛子
佐々木伸 ●著

びっくり！
おもしろ光遊び

チャイルド本社

びっくり！おもしろ光遊び Contents

太陽の光で遊ぼう！

はじめに

太陽の光は、空気や水と同じように生き物には必要不可欠のものです。日の光の下で、光が反射したり遮断されたときにできる影のおもしろさなど、たっぷり味わって遊んでください。また、この本では太陽の光だけではなく、懐中電灯の小さな光を使った遊びも紹介しています。色の見え方や色つきの光の不思議さを遊びながらたくさん楽しんでください。なによりも暗い中でカラフルに輝く光はとても美しく魅力的です。

鏡やセロハンで遊ぼう

38 無限ボックス
42 メガサイズ万華鏡
44 無限ボックスの作り方
45 メガサイズ万華鏡の作り方
46 2枚の鏡で遊ぼう
48 1枚の鏡でちょこっと遊び
50 やってみよう！ピラミッド万華鏡
52 鏡を作っちゃおう！
55 まっ黒ボトル万華鏡の作り方／コップの万華鏡の作り方
56 不思議な赤いセロハン
58 不思議な赤いセロハンの遊び方
59 やってみよう！変身ステンドグラス
60 浮き出る絵!?

人工の光で遊ぼう

62 牛乳パックのステンドグラス
64 牛乳パックのステンドグラスの作り方
66 風船ランプで遊ぼう
68 ポリ袋ちょうちん
70 ライトセーバーの作り方／風船ランプの作り方
71 ポリ袋ちょうちんの作り方
72 手作りプラネタリウム
74 プラネタリウムボックス
75 手作りプラネタリウムの作り方／プラネタリウムボックスの作り方
76 色つきの影で遊ぼう

太陽の光で遊ぼう！ 1

ギンギラ アルミマン

友達と光をはね返し合って、
ギラギラ合戦の始まりです。
楯で防ぎながら光を上手に返しましょう。
いろいろなルールを決めて遊んでください。
大勢で楯を持って、光のリレーを
するのもおもしろそうです。

正義の光線、
受けてみよ！

暗がりにひそむ相手チームを
光で攻めたり、
日陰の壁に的をつけて、
そこをねらって反射させるなど、
いろいろな遊びができます。

ギンギラアルミマンの作り方

材料

段ボール
アルミのバーベキュープレート
アルミ皿
アルミホイル
色画用紙
ひも

道具

千枚通し
はさみ
ビニールテープ
両面テープ
セロハンテープ

●王冠の作り方

1 段ボールを図のような形に切り抜き、適度にカーブをつけておく。

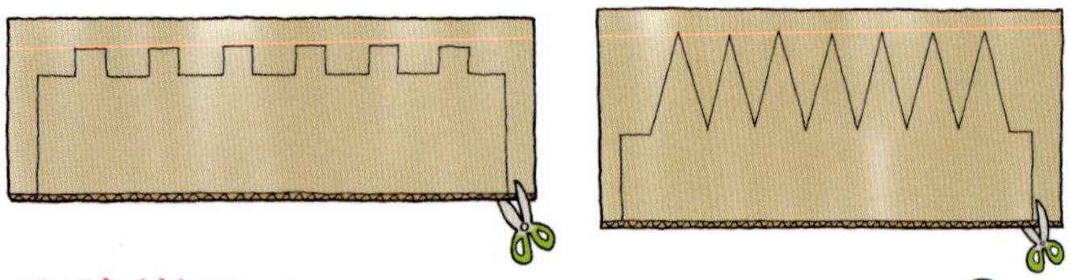

2 両面テープでアルミホイルを段ボールにはりつけ、両端に穴をあけてひもを通す。

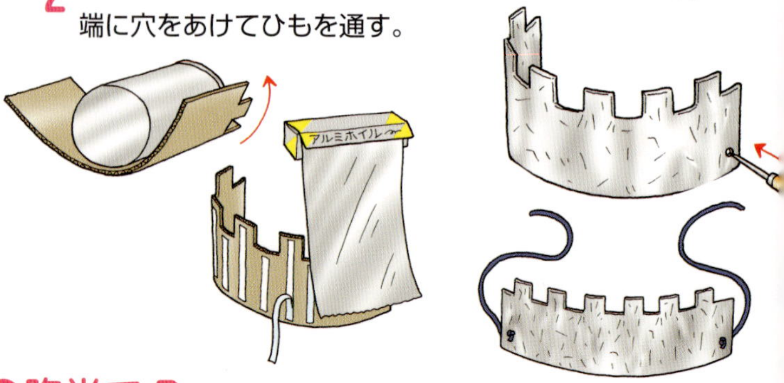

●胸当てA

1 長方形のバーベキュープレートまたはアルミ皿を3枚、円形のアルミ皿1枚を用意し、それぞれに図のように穴をあける。皿の縁をビニールテープでくるみ、飾りにする。

2 ひもを図のように通し、ひもが抜けないように裏面をビニールテープなどで留めておく。

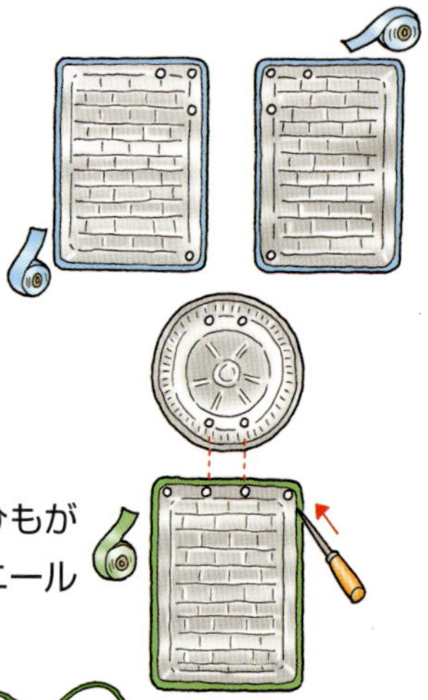

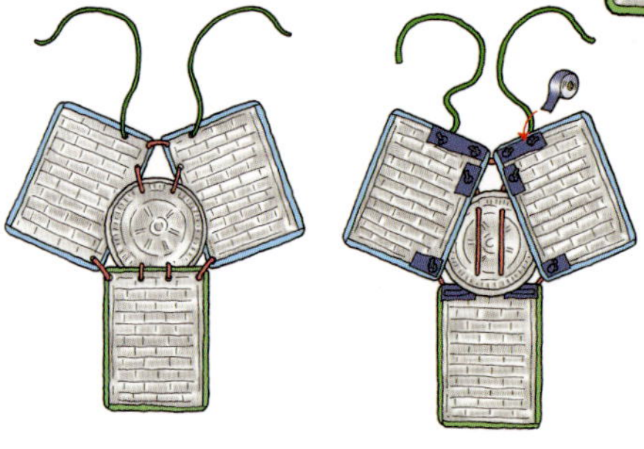

●胸当てB

1 長方形のバーベキュープレートまたはアルミ皿を2枚、円形のアルミ皿を2枚用意する。それぞれに図のような穴をあけ、縁をビニールテープでくるみ、飾りにする。

2 長方形のプレート2枚を裏面で図のようにつなげ、ひもをそれぞれの穴に通す。ひもが抜けないように、裏面をビニールテープなどで留めておく。

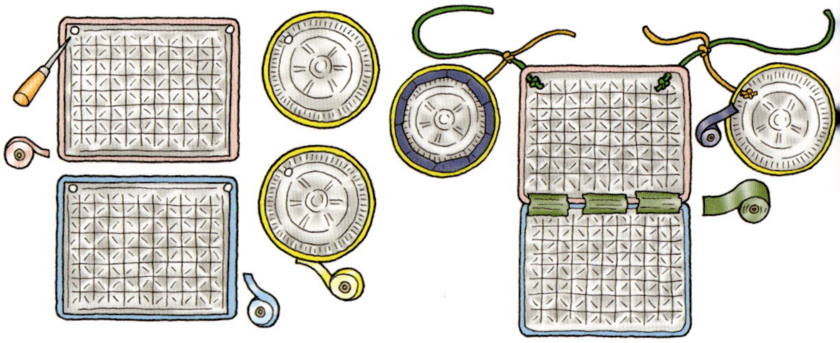

＊アルミ皿やバーベキュープレートは、レンジ用品売り場や、アウトドア用品のバーベキューコーナーなどで買うことができます。

●肩当て

1 長方形のアルミ皿2枚を中央で折り、屋根の形にする。図のように穴をあけ、ひもを通しておく。

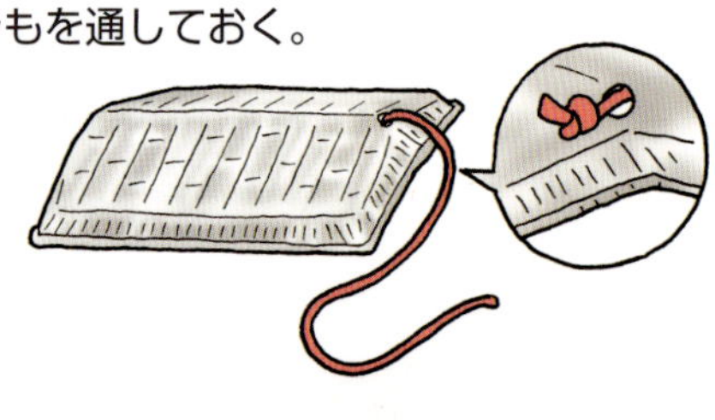

2 左右1つずつ、Aの胸当ての肩ひもに結びつけて使う。

●楯

1 段ボールを円形と長方形に切り、両面テープでアルミホイルをはりつける。太陽の楯は、三角形に切った色画用紙をセロハンテープでつける。

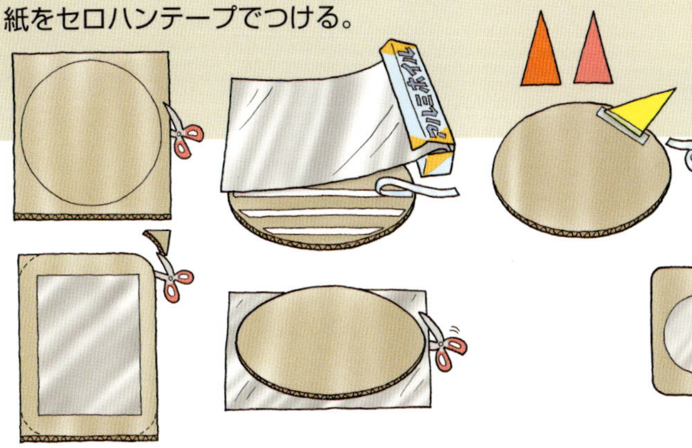

2 裏面に図のように両面テープなどで取っ手をつける。

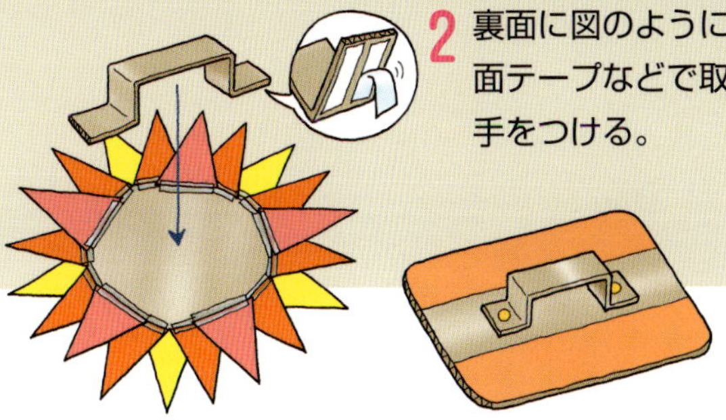

＊好きな形に切ったアルミホイルを段ボールにはりつけて作っただけでも、十分な盾ができる。

やってみよう！

ギラギラパラソル

かさの内側にアルミホイルをびっしりはりつけて、日なたに置いてみましょう。かさの内側に手をかざすと、とってもあたたか！
太陽の熱と光を、かさが集めているのです。
熱が集まっていることを、実験で確かめてみましょう。

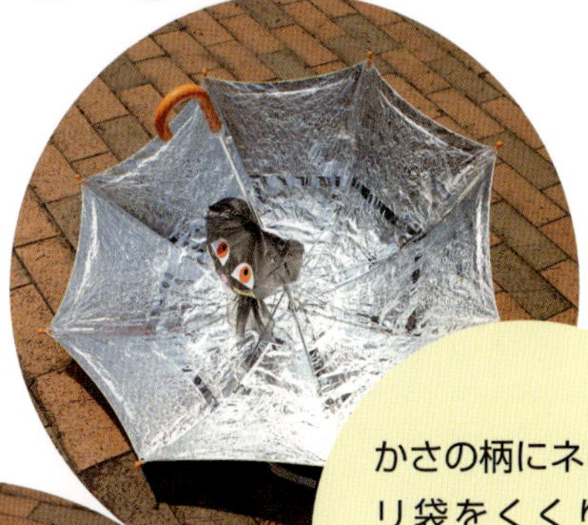

かさの柄にネコのポリ袋をくくりつける。はじめはくったりしているけれど…

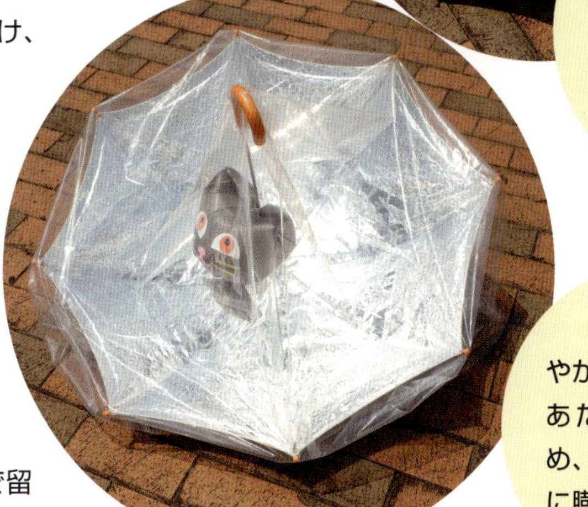

やがて、中の空気があたためられたため、ネコがパンパンに膨らんだ！

●作り方

1 子ども用の古いかさの内側に両面テープをはりつけ、図のようにアルミホイルをびっしりはりつける。

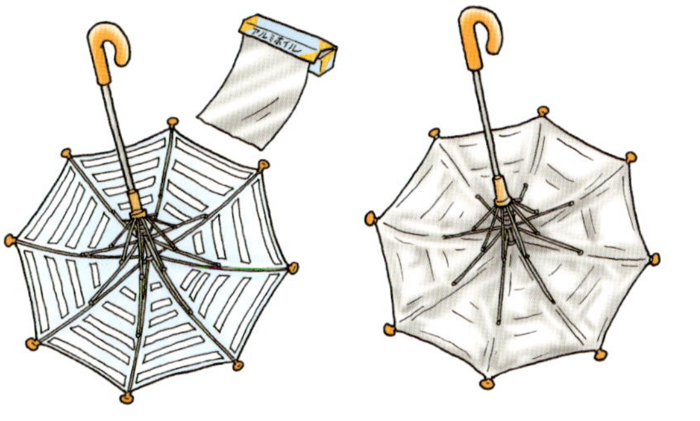

2 黒いポリ袋を用意し、底の中央をセロハンテープで留め、ネコの耳にする。表に目鼻をつけておく。

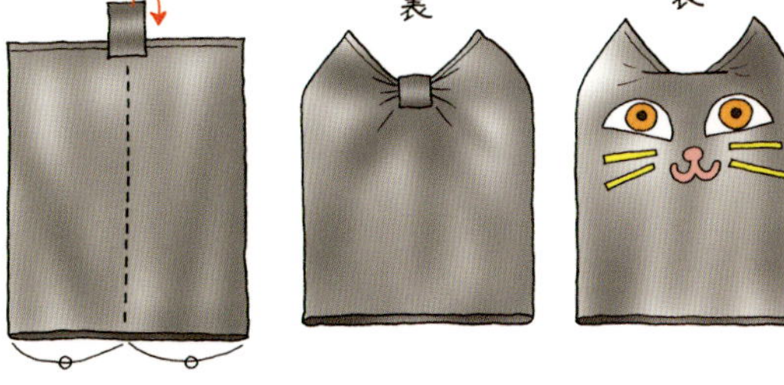

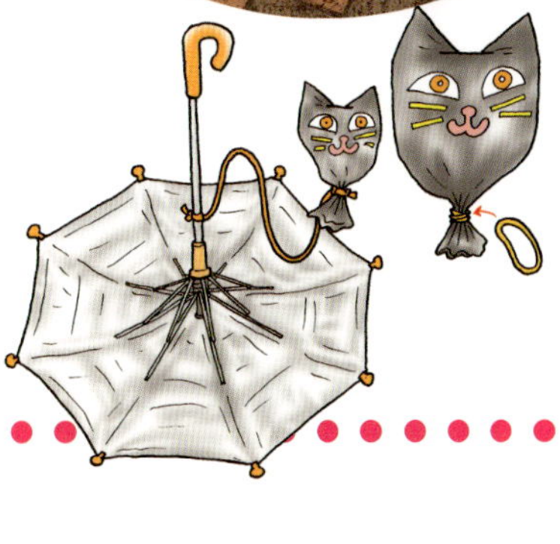

＊かさの熱によって空気の対流が起きたり、風が吹いたりして熱の一部が逃げるので、全体を大きなポリ袋でおおっています。

太陽の光で遊ぼう！❷

不思議な影

身近な物に光を反射させて映してみると、びっくりするような光と影ができることがあります。外でもできるし、日の入る部屋で暗い壁に向かって映しても、楽しく遊べます。

缶詰の底の影

底面のでこぼこ模様が、いろいろな影を映し出す。

角の丸い四角い缶詰の底に反射させる。十字の影が出る。

小さめのコーンの缶詰の底。くっきりと強い3重丸が出る。

大きめの果物の缶詰の底。大きな4重丸が出る。

ゆらゆら水の影

バットなど、平たい容器に水を入れて、水面で光を反射させましょう。壁に映るのは、ゆらゆらと白く輝く波のような影です。水を揺らすと、影も揺れます。

ペットボトルの影

ペットボトルに水を入れて光を通し、
白い紙に映してみると…？
意外な影がたくさん見えます。
どんなペットボトルが
おもしろい影を作るのか、
いろいろ試してみてください。

細かいカットが
模様のように
入っている
ボトルの影。

全体にひねり
が入った
ボトルの影。

大きめの
でこぼこが
たくさんある
ボトルの影。

やってみよう！

顔の影を作ってみよう

せんべいなどの大きめの缶のふたを使って、
おもしろい影を作ってみましょう。
少しのでこぼこが大きな影になるところが、
ミソです。

●作り方

大きめの缶のふたに、細いくぎなどをごく軽く打ち、へこみで人の目と口を作っておく。くれぐれも打ち抜かないように。でこぼこはごくわずかな方が、きれいに影が出る。

でっぱっている方に
光を当てると、
こんな感じ。

太陽の光で遊ぼう！❸

虹を作ろう

身近な道具を使って、
ちょっと不思議な虹を
作ってみましょう。
最初に使うのは、水と鏡と、
平らな容器です。
紙に映し出されるのは、
まるで炎のようにゆらゆら揺れる影。
縁のところが虹色になっています。

バットに水を入れ、水の中に斜めに鏡を差し込む。光を反射させて、壁や紙に当てる。

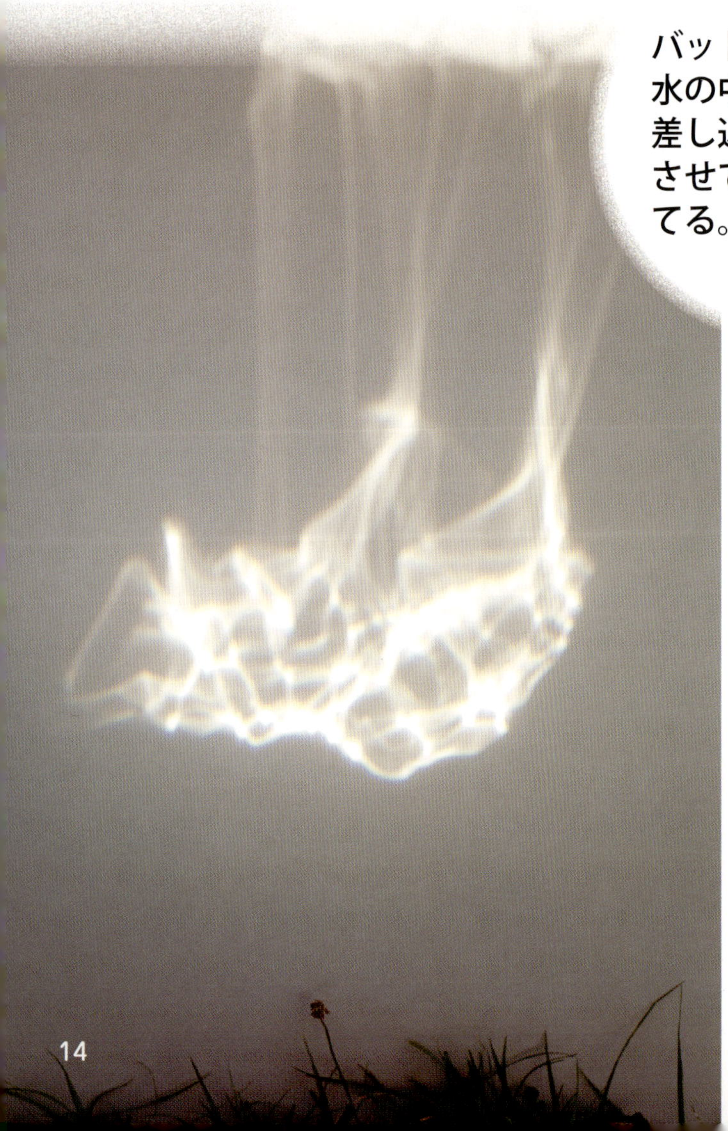

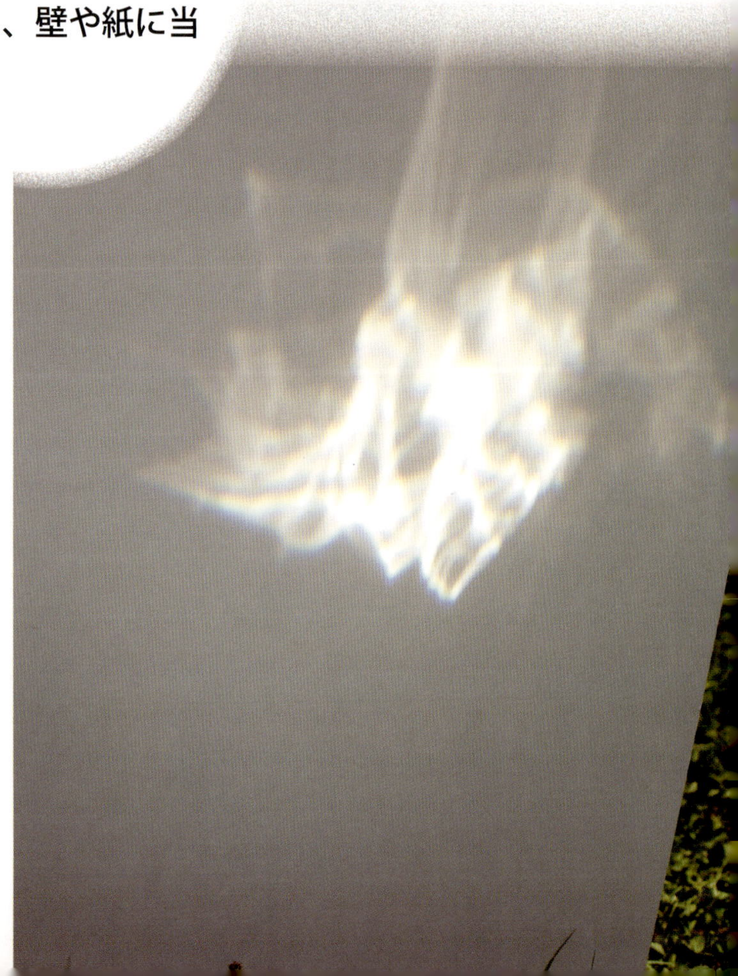

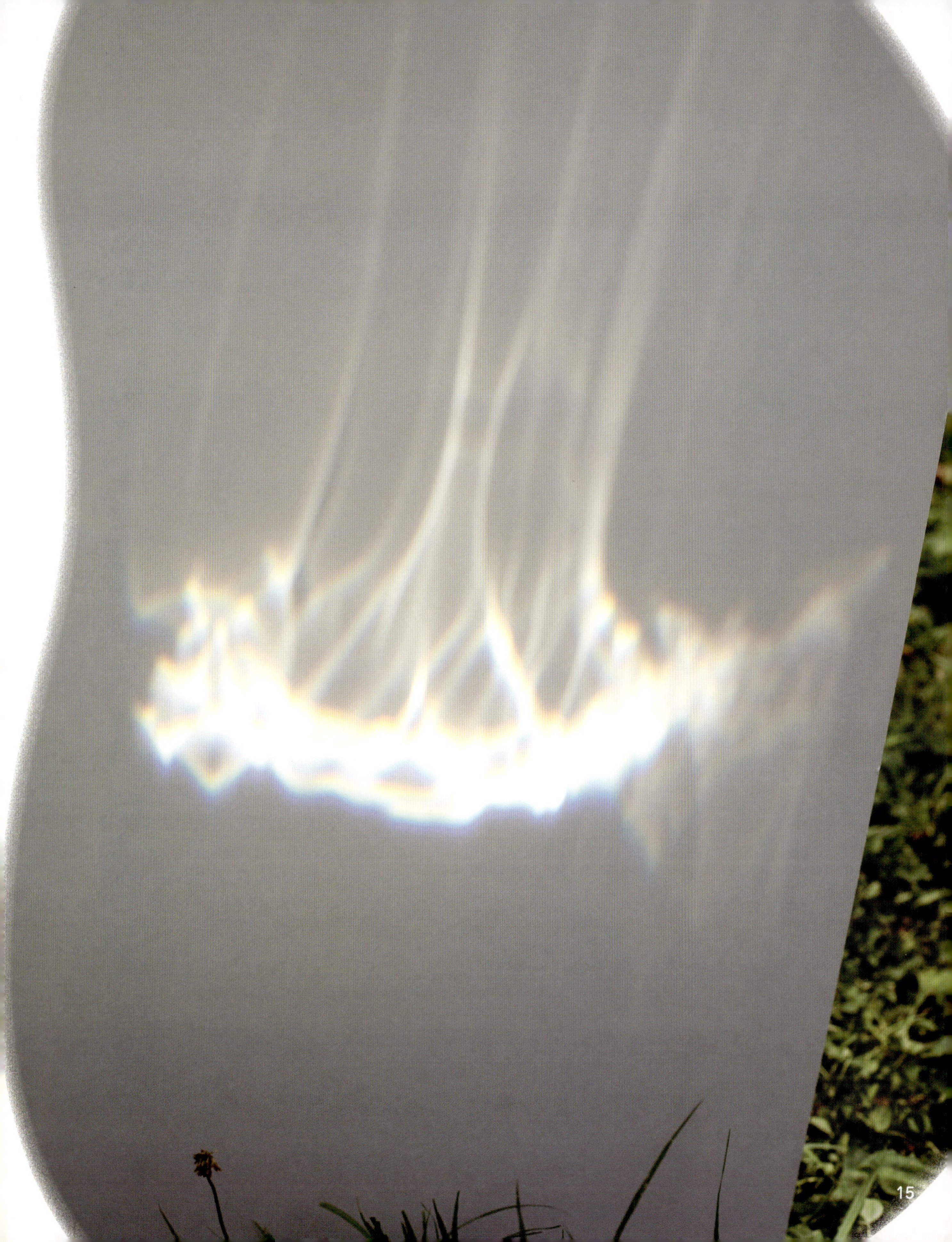

丸い虹を作ろう

CDの記録面は、光を当てると
虹色に光って見えます。
表面についた細かい溝が光を
7色に分けるためです。
それを利用すると、
丸い虹を映すことが
できます。

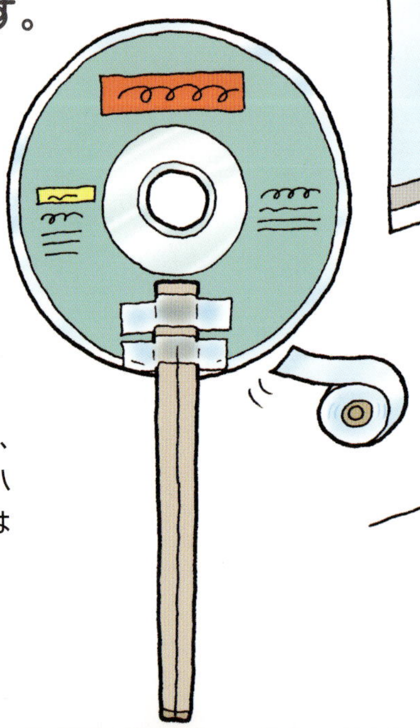

●遊び方

1 CDの印刷面に、割りばしをセロハンテープなどではりつける。

2 光を反射させて、壁などに映す。

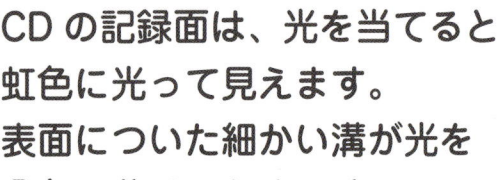

やってみよう！

太陽の光を虹の７色に分けよう

日の光には、実は数え切れない色が入っています。
絵の具の色は重ねるごとに暗くなっていきますが、
光は色を重ねるとどんどん明るくなり、白っぽくなります。
それがふだん感じている日差しの色です。
ですから、混ざり合っている日の光をプリズムで
分光すると、虹のような色が現れます。
プリズムがなくても、例えばカットされた
クリスタルのビーズなどを
窓辺につるしておくと、部屋の壁中に
小さな虹がたくさん出て、
確認することができます。

＊虹の７色は、日本では俗に赤、橙、黄、緑、青、藍、紫と言われます。

太陽の光で遊ぼう！❹

木もれ日影絵

木もれ日は、太陽の光がこずえを通って、
たくさんの丸い影になって
地面に映ったものです。
でも、どうして木もれ日が丸いのか
考えたことがありますか？
ふだんは気づかない不思議を、
実験で確かめてみましょう。

小さな三角の
穴をたくさん
あけた紙を
用意。

まずは
このくらいの
距離で地面に
置いた紙に
映すと……

影は紙に
あけた穴と同じ、
三角形のまま。

ところが
これくらいに
離してみると…

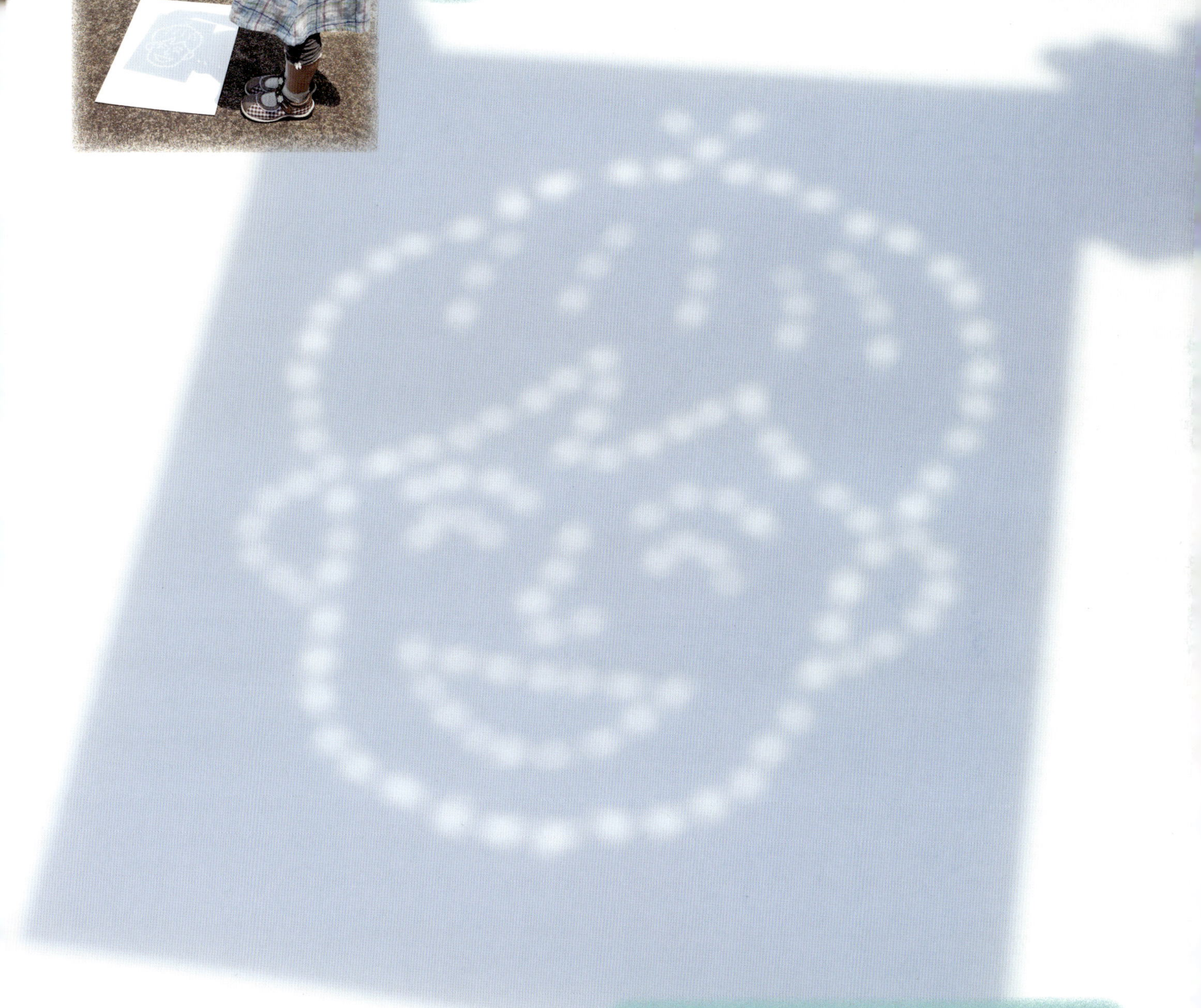

穴をあけた紙を少し離すと、
三角だった影は丸くなりました。
木もれ日が丸いのも、これと同じです。
太陽の丸い形が、
すきまを通って映っているからです。

太陽の光で遊ぼう！❺

カラフルタープ

ちょっとした隠れ家が大好きな子どもたちと、
手作りタープを作ってみましょう。
ポリ袋を開いて、フェルトペンで絵を描いただけ。
このタープの下に入ると、
体中がたくさんの色に染まります。

わたしの服、真っ白でしょ？
タープの下に入ったら、こんなになっちゃった！

木もれ日影絵の作り方

材料

黒い色画用紙（厚め）

白い紙
（影を映すためのもの）

道具

カッター
はさみ
セロハンテープ

1 黒い紙に人の顔など、わかりやすい形の絵のアウトラインを描く。色画用紙だと少したよりないので、工作紙くらいの厚さがあるとよい。黒い紙の方が影がはっきり見えるけれど、白い紙でもできる。

2 線にそって、1 辺5ミリくらいの大きさの三角形を、カッターで切り取ってあけていく。カッターを使うときは、必ず大人がやるようにしてください。

3 子どもに作りやすいようにするときは、厚紙に四角い窓を開け、図のように細く切った黒の紙をランダムにはっていく方法もあります。要するに、四角や三角のすきまがたくさんできればいいので、これで実験しても影の形の変化は確認できます。

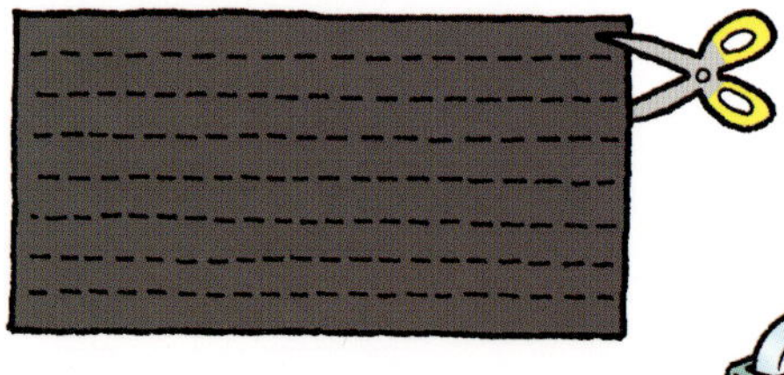

カラフルタープの作り方

材料

90リットルのポリ袋
(45リットルなら2枚)
棒
大きめの目玉クリップ
カラーセロハン

道具

はさみ
セロハンテープ
フェルトペン

1 ポリ袋を切り開いて、1枚の大きなシートにする。45リットルなら2枚つなぎ合わせた大きさがよく、90リットルなら1枚で十分な大きさになる。

2 油性のフェルトペンで好きな絵を描いたり、カラーセロハンをはったりする。鉄棒に留めたり、ひもを通して下げたりしてタープにする。地面に置く方は、長い棒をくるむようにしてテープで留め、おもしを置いて動かないようにする。

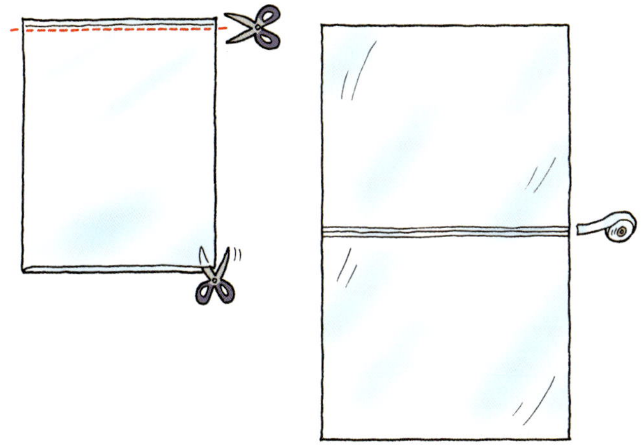

日食のときの木もれ日は？

木もれ日が丸いのは、太陽が丸いからです。「木もれ日って、丸くないのもあるんじゃない？」という意見もありますが、それは大きなすきまを通った光の木もれ日で、多くの場合、こずえの小さなすきまを通ってできた影は円形をしています。それは、すきまの形ではなく、光を出す光源の形が映るからです。日食のときの木もれ日は、太陽と同じように欠けています。部分日食で太陽が三日月形になると、木もれ日も三日月形になります。

太陽の光で遊ぼう❻

お日さま影絵

好きな形の影を、
自由自在に作って映してみましょう。
黒い紙を好きな形に切り取って、
鏡にはるだけです。
その鏡に光を反射させて、
壁や紙に映してみると……？
お日さまの下でも、
ゆかいな幻灯会が楽しめます。

飛行機と UFO の
形を切り抜いて、
鏡にはる。

背景の絵に反射さ
せると、こんなふ
うに映る。

背景になる絵を作って、そこに映してみると、
遊びがぐっと広がります。
影は自由に動かせるし、重ねることもできます。
動かしながら、短いお話をつくると、
さらに楽しい！

とってきた魚は、いちだんとおいしいにゃぁ。
せめて骨だけ置いていこうかにゃ。

影絵合わせしよう

１つの絵をいくつかのピースに分ければ、スクリーンの上でパズル遊びもできます。
また、カラーセロハンを鏡にはっておけば、影に色をつけることもできます。

４つに分けたいもむしくん、なかなかうまくつながらない。

体が１つ、飛び出ちゃったよ！

もう少しだ…

お日さま影絵の作り方

材料

鏡
黒い色画用紙
カラーセロハン
画用紙

道具

はさみ
セロハンテープ
フェルトペン

1 黒い紙を好きな形に切り抜いて、鏡にセロハンテープではる。

2 太陽の光を 1 の鏡で受けて、暗い壁などに向かって反射させると、切り抜いた絵が影になって映る。

3 別に背景の絵を描いて、そこに影を映して動かしてもおもしろい。短い話をつくって、それに合わせて動かしてみよう。

4 鏡にカラーセロハンをセロハンテープではっておく。

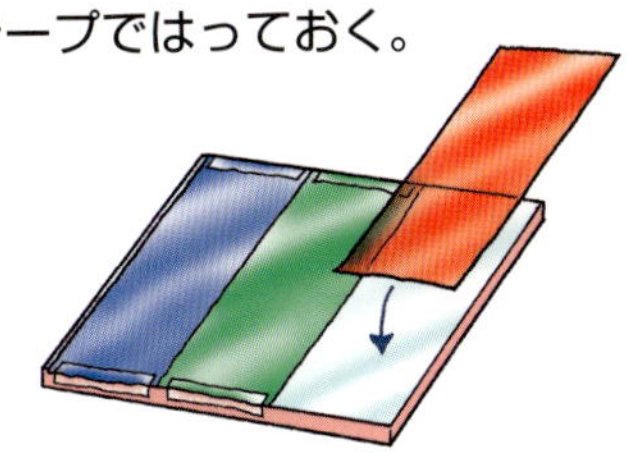

5 いもむしの体を 4 つの部分に分けて、形を切り抜いたあとの枠の方をそれぞれ鏡にはる。1 枚ずつ手に持って、反射させながら 1 匹のいもむしを完成させよう。

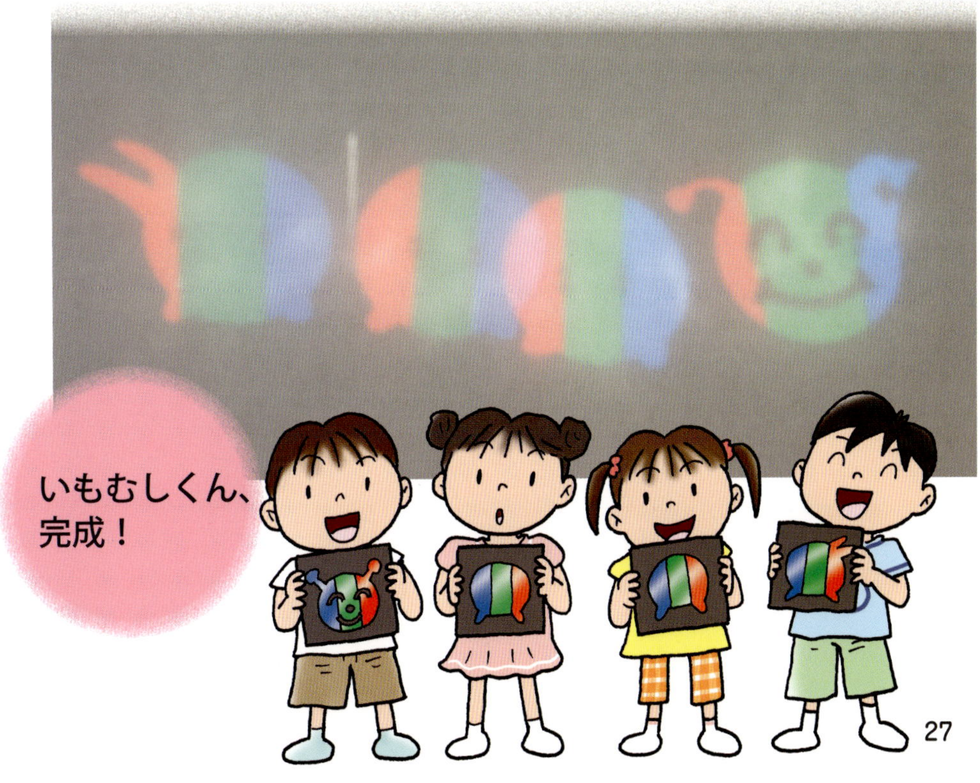

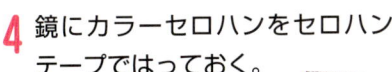

太陽の光で遊ぼう❼

変身！　影絵

太陽の光でできる影は、
時間によって長さが変わります。
影の伸び縮みを利用して、
大変身する影を作ってみましょう。

朝 10 時の影。
キリンの影は
元の形に比べて
少しだけ
縮んでいる。

昼ごろの影。
キリンの影は、
縮まって
ダックスフント
みたい。

夕方４時ごろの影。影は伸びて、すっかりキリンらしくなった。

変身！　影絵の作り方

材料

段ボール
色画用紙

道具

カッター
はさみ

1 段ボールを図のように、犬の顔とキリンの形にカッターで切り抜く。カッターを使うときは、必ず大人がやるようにしてください。

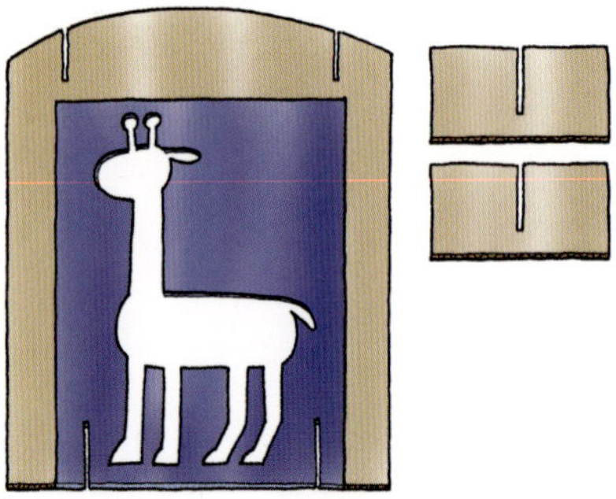

2 地面に立てるための足を作る。段ボールを図のように切り抜き、1に差し込んで地面に立たせる。

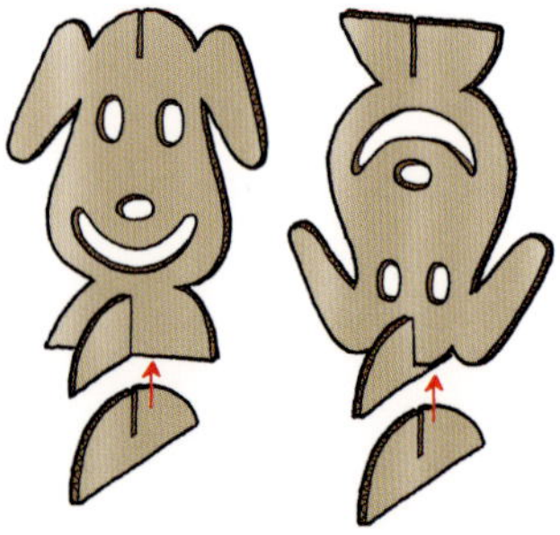

3 朝、昼、夕方、それぞれで影がどんなふうに変わるか見てみよう。

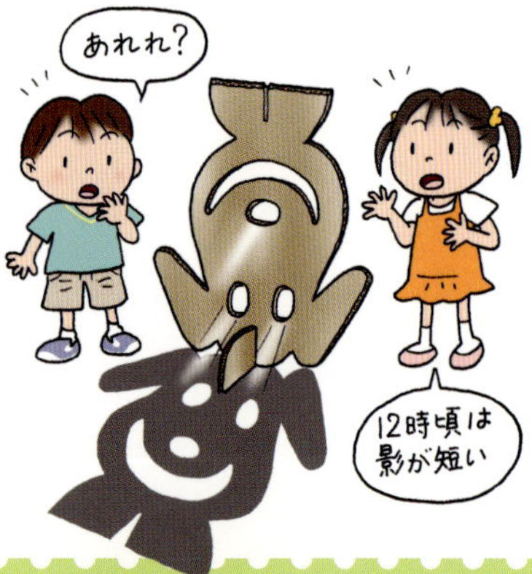

季節によっても違う、影の長さ

影の長さは、一日のうちでも変わります。朝と夕方に長くなり、正午ごろには短くなります。これは、正午ごろに太陽が一番高い位置にあるからです。また、季節によっても影の長さは変わります。これは、太陽の軌道の高度が季節によって異なるからです。太陽は夏至の日に一番高いところを通り、冬至の日に一番低いところを通ります。そのため、夏至の影が一番短く、冬至の影は一年で一番長くなります。

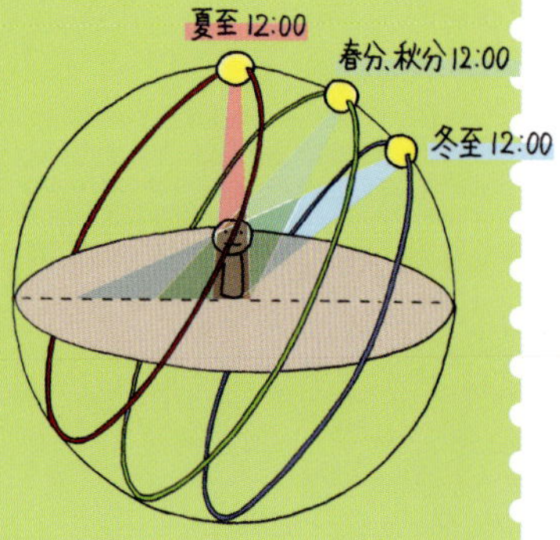

やってみよう！

影を写しとろう！

自分の影がどんなふうに伸び縮みするか、影を写しとって見てみましょう。
朝、昼、夕方の３回やってみると、変化がよくわかります。
自分の体の形と比べてみて、どこが長くなったか、どこが短くなったか、
比べっこするとおもしろいですよ。

こうやって、
フェルトペンで
友達や家の人に
形を写しとって
もらおう。

＊写真では黄色い模造紙
に影を写しています。

太陽の光で遊ぼう！❽

虫メガネのぞき箱

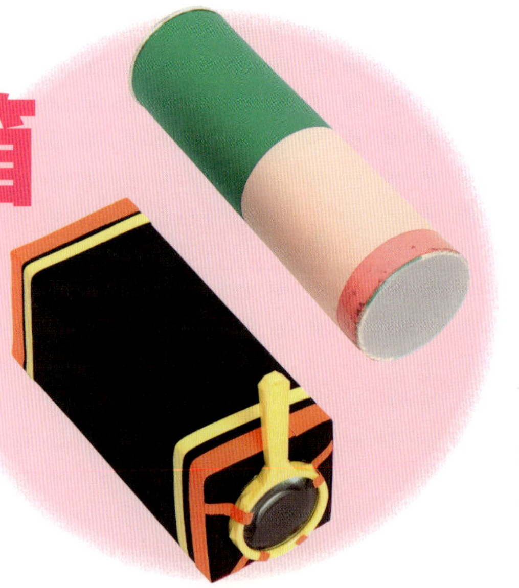

箱の外には虫メガネ。
筒にはトレーシングペーパー。
この２つを組み合わせてのぞいてみると……？
筒のトレーシングペーパーに、
景色が逆さまになってくっきり
映っています。

＊このぞき箱でお子様が直接太陽を見ないようご注意ください。

材料	道具
牛乳パック スナックなどの円筒形の紙容器 色画用紙 虫メガネ トレーシングペーパー	はさみ セロハンテープ

●作り方

1 １リットルの牛乳パックの頭部分を切り取る。底面外側と、側面外側に黒い画用紙を両面テープなどではりつける。牛乳パックの底面外側には虫メガネのレンズの大きさに合わせた３～４cmほどの丸い穴をあける。

2 虫メガネを図のように底面の外側にセロハンテープなどで固定する。

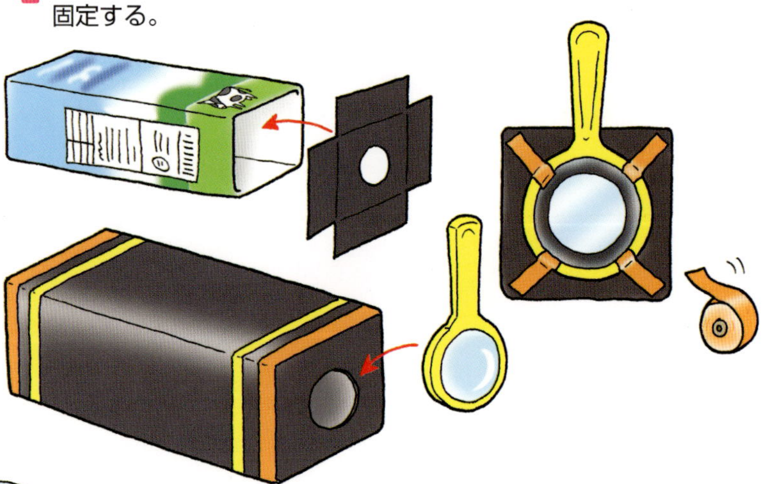

3 スナック菓子の筒などの底面を切り取る。底面よりふた回りほど大きい円に切ったトレーシングペーパーを図のようにはりつける。最後に、上からしっかりビニールテープなどでぐるりと留めておく。

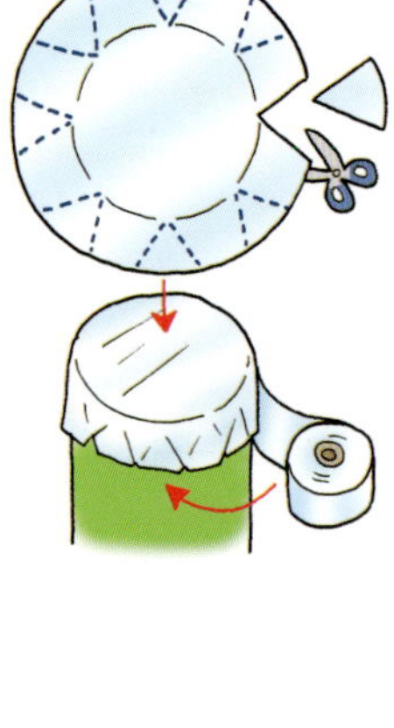

4 **3**を**2**の中に入れ、ピントの合うところを探す。

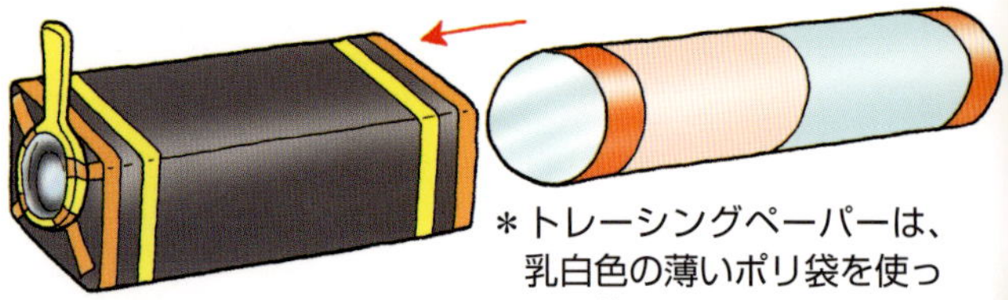

＊トレーシングペーパーは、乳白色の薄いポリ袋を使っても代用できます。

こんな風に
のぞいて
みると…？

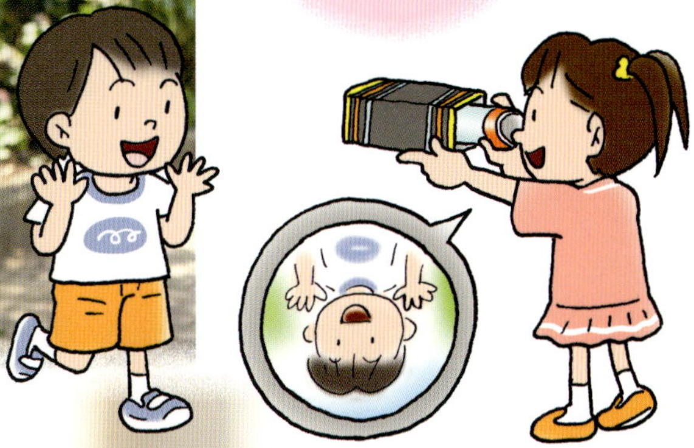

人物が逆さに
映っているのが
はっきりわかる。

ピンホールのぞき箱

虫メガネのぞき箱とよく似た作り方で、
ピンホールカメラの仕組みが体験できます。
ピンであけた小さな穴が、
レンズの代わりです。
白っぽいビルや車など、明るい色で、
上下のはっきりわかるものを見てみると、
よくわかります。

材料	道具
牛乳パック スナック菓子などの円筒形の紙容器 色画用紙 トレーシングペーパー	はさみ セロハンテープ 押しピン

●作り方

1 1リットルの牛乳パックの頭と底の部分を切り取る。側面外側に黒い画用紙を両面テープなどではりつける。

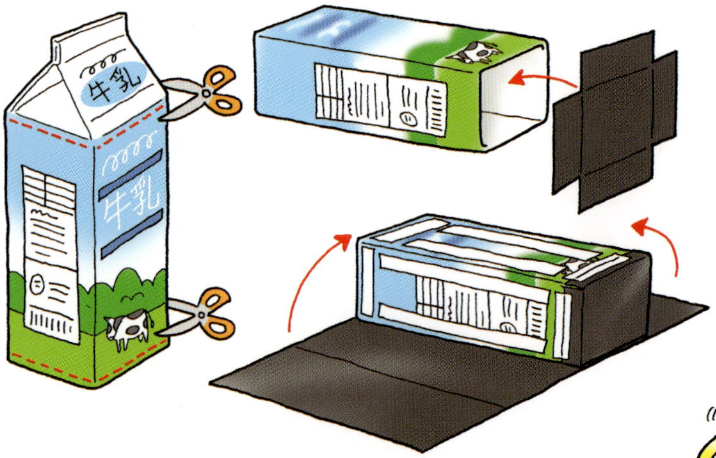

2 黒い紙を用意し、押しピンや太めの針で小さな穴をあける。穴がきれいな円になるよう、針を揺らさないようにして、しっかり刺す。これを図のように 1 につける。

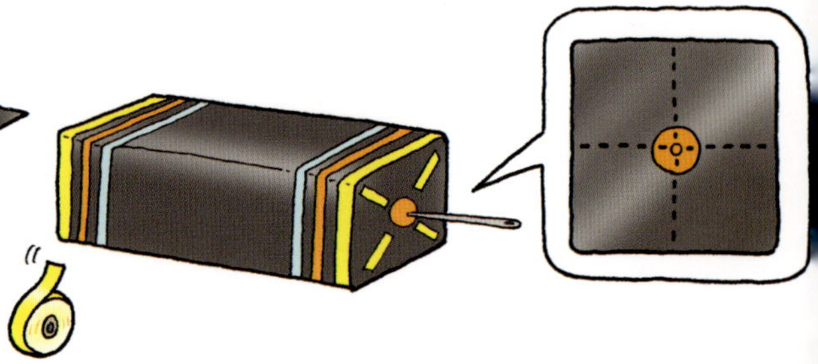

3 スナック菓子の筒などの底面を切り取る。底面よりふた回りほど大きい円に切ったトレーシングペーパーを図のようにはりつける。最後に、上からしっかりビニールテープなどでぐるりと留めておく。

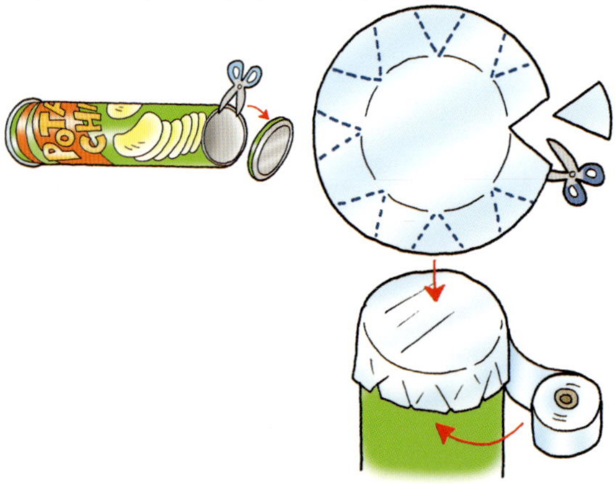

4 3 を 2 の中に入れて風景などをのぞくと、トレーシングペーパーに景色が映っているのがわかる。筒を動かして、できるだけピントの合うところで止める。

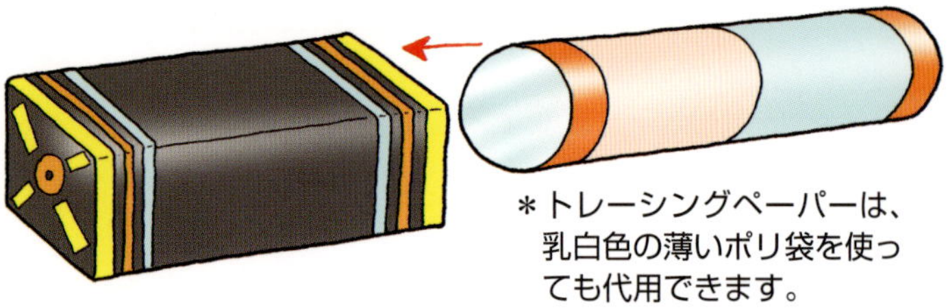

＊トレーシングペーパーは、乳白色の薄いポリ袋を使っても代用できます。

やってみよう！

筒の位置を調節して、
ピントの合うところを探します。
下の写真のように、
虫メガネの向こうの像が
逆さになっているのが見えます。

これが
実際の像。

ピンホール
のぞき箱で見ると、
人物が逆さに
映っているのが
ぼんやりわかる。

自分の影を焼きつけよう

夜光シート、または蓄光シートと呼ばれるシートを使って、自分の手や足の影を焼きつけてみましょう。夜光シートには、太陽や蛍光灯などの光エネルギーを吸収してたくわえ、暗いところで、そのエネルギーを光として放出する機能があります。1分ほど動かずにいれば、自分の手足の形がそのままシートに残されているのを見ることができます。

●遊び方

1 夜光シートの上に手や物を置く。日の光や明るい照明の光に当てて、1分くらいじっと動かさないようにする。動かしてしまうと、影の輪郭がぼやけてしまうので注意。

2 そのまま少し暗いところに持って行って、手や置いた物を外す。

●夜光シート

夜光シートは100円ショップなどでも買うことができます。星形に切り抜いたタイプもあり、部屋の天井などにはっておくと、昼間の光をシートにため、夜に部屋を暗くすると、星形シールだけがうす黄色に光ります。

やってみよう！

鏡やセロハンで遊ぼう❶

無限ボックス

箱の中には、２枚の鏡。
向かい合わせについたこの鏡の一方を、
上や下からのぞいてみると…？
鏡の中には、また鏡。その中にもさらに鏡。
無限に続く空間が、鏡の中に現れます。

箱を持って、
上または下の端の
すれすれから
のぞきこむ。

空に続く鏡の
トンネルが
できたみたい！

無限ボックスの中に
手や物を入れて動かしながら、
のぞいてみましょう。
表と裏のはっきりした
物をのぞくと、
連続する像が表裏交互に
つながっているのが
わかります。

大勢の人が
ラインダンス
しているみたい？

箱の下から
お札を入れて、
のぞいたところ。

色や模様の
はっきりした絵などを
のぞいてみると、
不思議な模様が無限に続く
鏡のトンネルが、
現れます。
動かしながら、
見てみましょう。

魚のしっぽがパイナップルみたいに見える。

魚のギョロ目が永遠に続いてる！

鏡やセロハンで遊ぼう❷

メガサイズ万華鏡

万華鏡は筒状になっていますが、
中には鏡で作った三角柱が入っています。
そこで、大きめの鏡を 3 枚組み合わせ、
大きな万華鏡を作ってみました。
なにをのぞいたらおもしろいか、
いろいろ試してみてください。

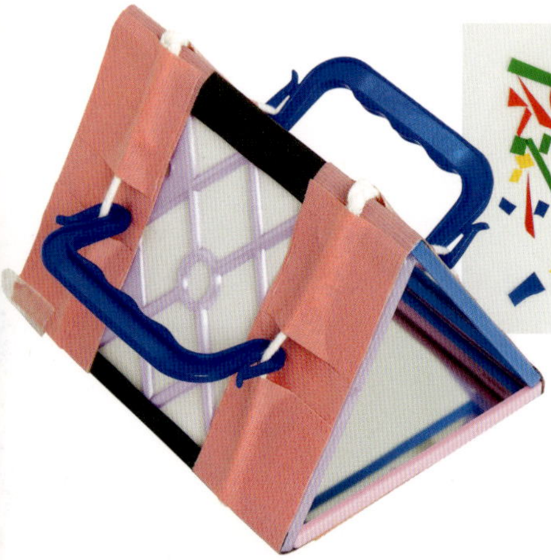

いろいろな形に
切ったセロハンを
挟んだ
クリアファイルを
メガサイズ万華鏡で
のぞいたところ。

指を
ちょこっと
出して、
のぞいた
ところ。

無限ボックスの作り方

材料

段ボール箱
牛乳パック
鏡２枚
黒い画用紙

道具

はさみ
接着剤
両面テープ
カラークラフトテープ
ペンチ

1 持ちやすい大きさの段ボール箱の、ふたと底面を切り取り、四角い筒にする。内側の４面に黒い画用紙をはりつける。

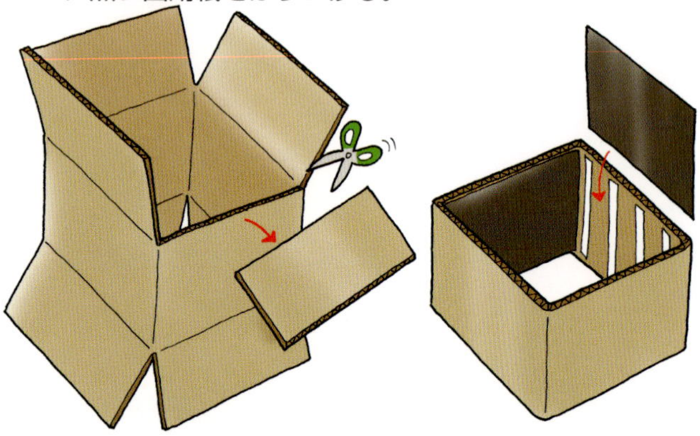

2 牛乳パックを図のように切り、４つの角の部分を **1** の四隅に、接着剤などではりつける。これで、段ボールの形がゆがみにくくなる。

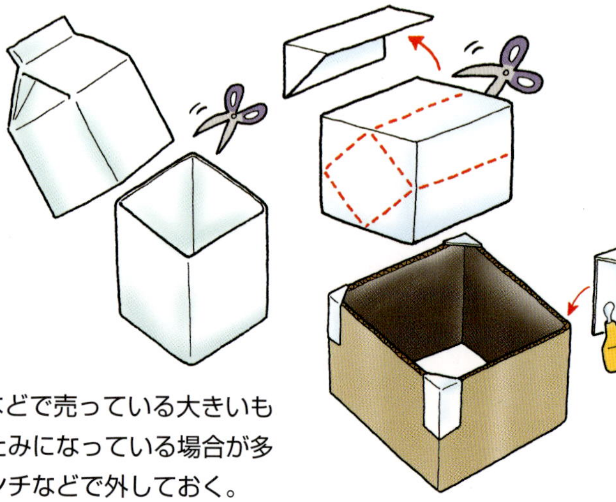

3 段ボールの側面に、段ボールの余った部分で取っ手を作り、接着剤ではりつける。

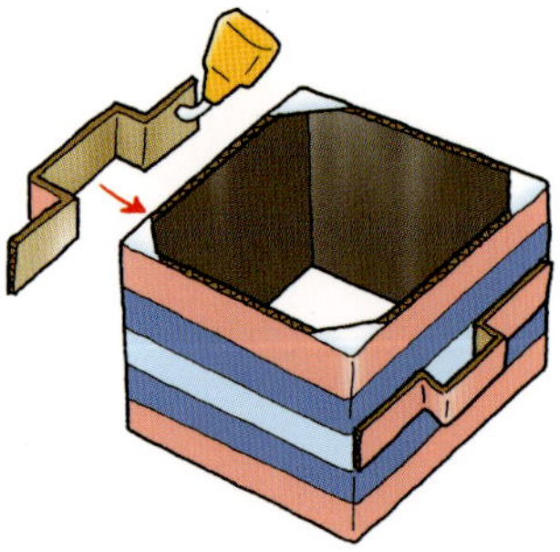

4 鏡は 100 円ショップなどで売っている大きいものを用意する。折りたたみになっている場合が多いので、鏡のふたはペンチなどで外しておく。

5 段ボール箱の内側の面に、向かい合わせになるように鏡をつける。鏡は両面テープでしっかりと固定する。

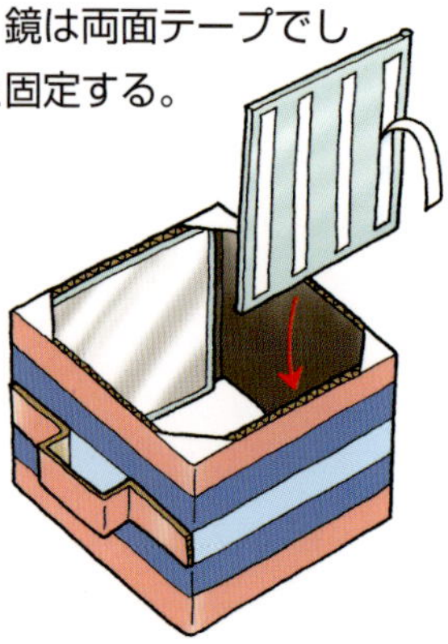

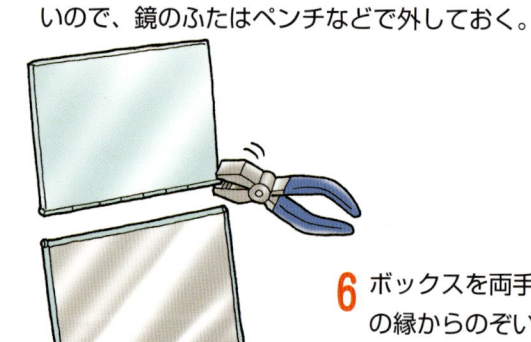

6 ボックスを両手でしっかり持って、ボックスの上の縁からのぞいたり、下の縁からのぞいたりしてみよう。鏡の中になにが見えるかな？

メガサイズ万華鏡の作り方

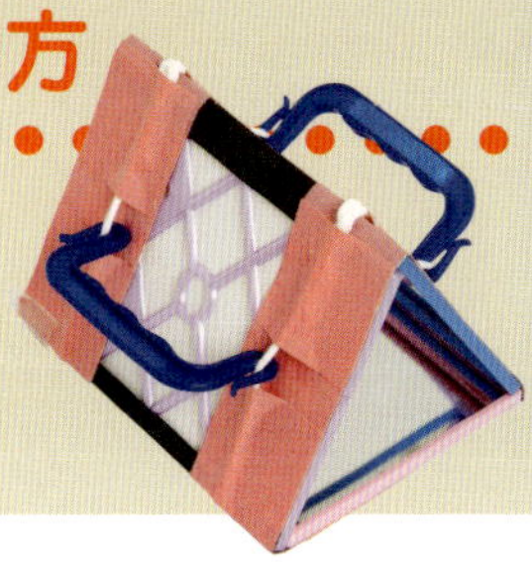

材料

- 鏡３枚
（同じ大きさのもの）
- クリアファイル
- カラーセロハン
- ひも
- 取っ手

道具

- ペンチ
- はさみ
- 布粘着テープ
- セロハンテープ
- ビニールテープ

1 100 円ショップなどで売っている、大きめの鏡を 3 つ用意する。鏡にふたがある場合は、ペンチなどで取り外しておく。

2 鏡 3 枚を机の上に立たせて、3 角柱の形に組む。セロハンテープで仮止めし、その上からビニールテープや布粘着テープで、3 枚がはずれないようにしっかりと固定する。

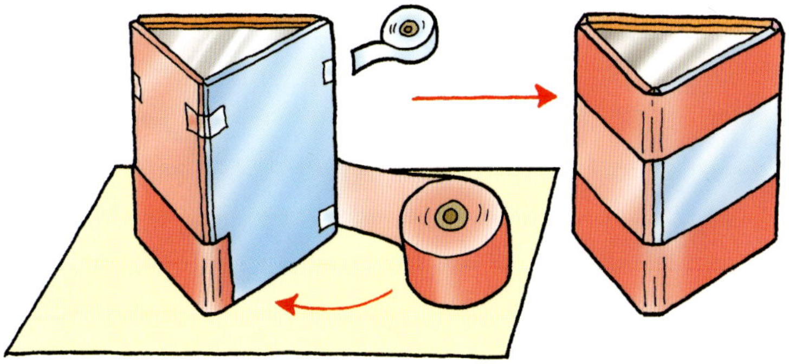

3 取っ手をつける場合は、**2** にひもをかけ、そこに取っ手をつける。

4 クリアファイルに適当な形に切ったカラーセロハンを挟み、光に透かして万華鏡でのぞこう。ほかにもいろいろのぞいてみよう。

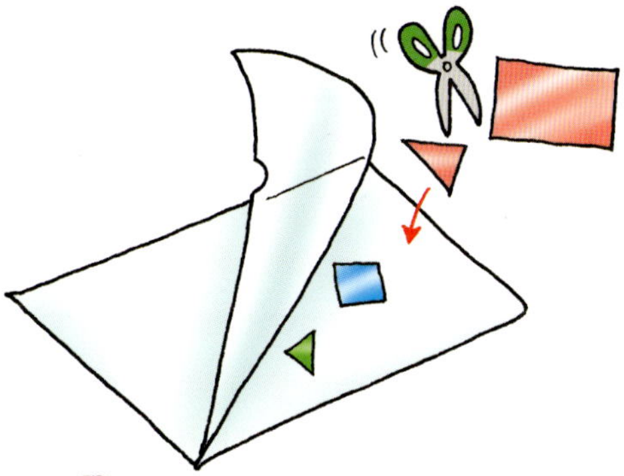

クリアファイルをのぞくときは、こんなふうに光を入れながらのぞいてみよう。

鏡やセロハンで遊ぼう❸

2枚の鏡で遊ぼう

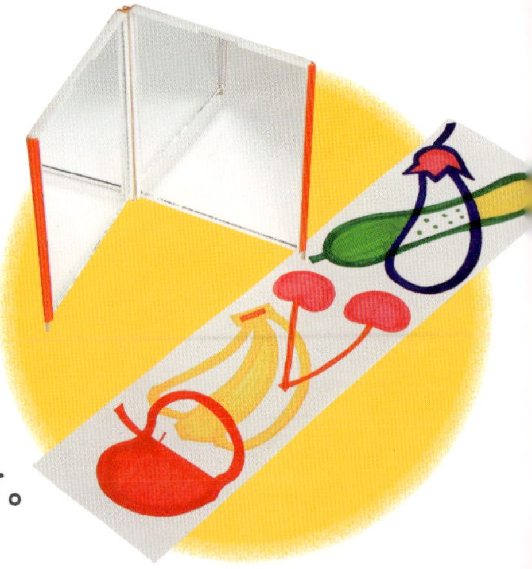

1ピースしかないピザをまるまる1枚のホールにするには？
2枚の折りたたみ式の鏡を使えば、簡単です。
2枚を開く角度によって、鏡の中に映る像の数が変わります。
いろいろなものをのぞいて、鏡の世界を探検しましょう。

割りばしで
すきまを作り、
そこに模様を
描いたシートを
通して見る。

花みたいな
ものが見える。

ショートケーキ、完成！

四角いケーキも、この通り。

マロンケーキは、なんピースあるかな？

こちらのケーキは、全部で６ピース。

●遊び方

1 ２枚の鏡を、布粘着テープなどで図のようにつなげる。鏡の背に３本の割りばしを図のようにつけておく。

2 いろいろな模様を万華鏡風に見る遊びのときは、脚のある側で鏡を立たせ、すきまに絵を入れてスライドさせ、ピザやケーキなど、ピースをつなげて見る遊びのときは脚のない側で鏡を立たせる。

材料

鏡２枚
画用紙
割りばし

道具

はさみ
ビニールテープ
布粘着テープ
フェルトペン

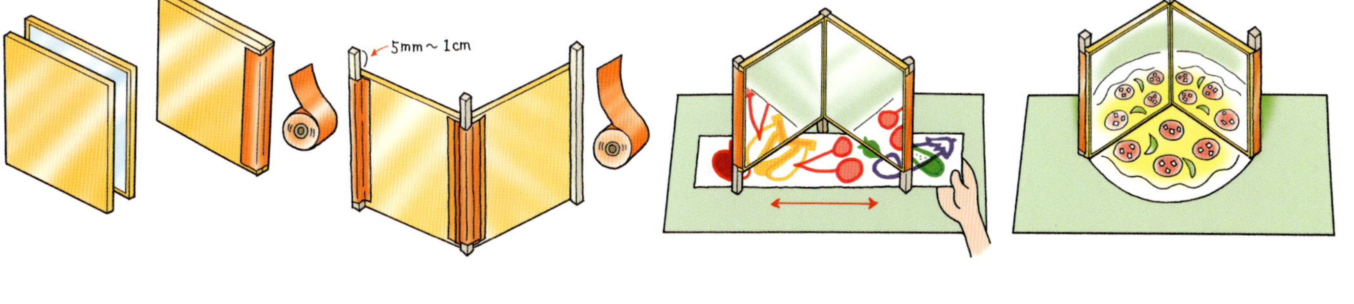

鏡やセロハンで遊ぼう❹

1枚の鏡でちょこっと遊び

鏡の不思議な世界は、1枚だけでも探検できます。1本のペンを2本にしたり、長くしたり、ポキッと曲げたり。スーパーボールをのせて転がすと、小さな雪だるまが競走しているみたいに見えます。

鏡の上でキャップを積み上げると…
2倍も高く積んだように見える！

双子の
ボールが
コロコロ
転がる。

ペンが
２本に
増えた⁉

ペンが
ぐーんと
長くなった？

ポキッと
折れた！

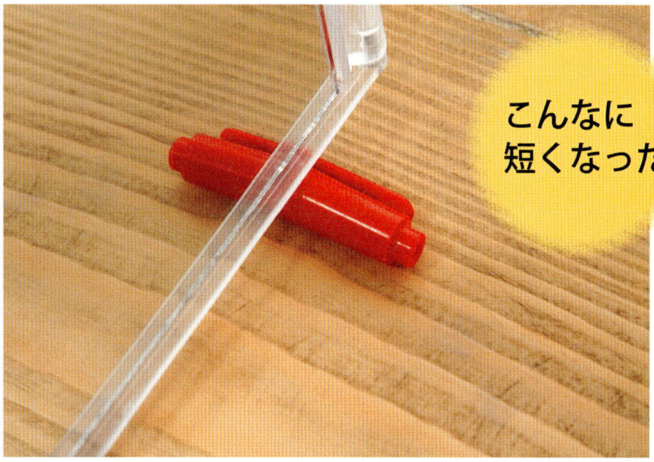
こんなに
短くなった。

ピラミッド万華鏡

ポリカーボネートミラーは、
さまざまな用途に使われています。
はさみやカッターで簡単に切ることができるので、
これを利用して万華鏡作りに挑戦しましょう。
裏面にはエンピツで書くこともできます。
万華鏡には厚さ 0.3mm のものを使っています。

材料

- ポリカーボネートミラー
- 画用紙
- 台紙にする厚紙

道具

- はさみ
- カッター
- 定規
- セロハンテープ
- 布粘着テープ

●作り方

1 ポリカーボネートミラーを、二等辺三角形の形に切り取る。同じものを 3 枚作り、先端を少し切り落としておく。ポリカーボネートミラーは、DIY ショップや、手芸用品店で購入できる。

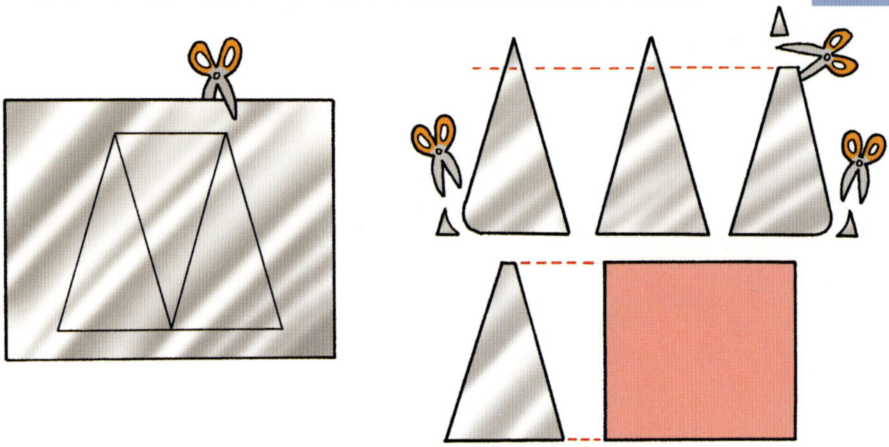

万華鏡の先に
光を通すものを
当ててみたり、
中に小さなものを
入れてのぞいても
おもしろい。

2 1 枚を厚紙の台紙に両面テープなどでしっかり固定し、その上に屋根のように残りの 2 枚をつける。セロハンテープで仮止めし、上から布粘着テープなどでしっかり留める。

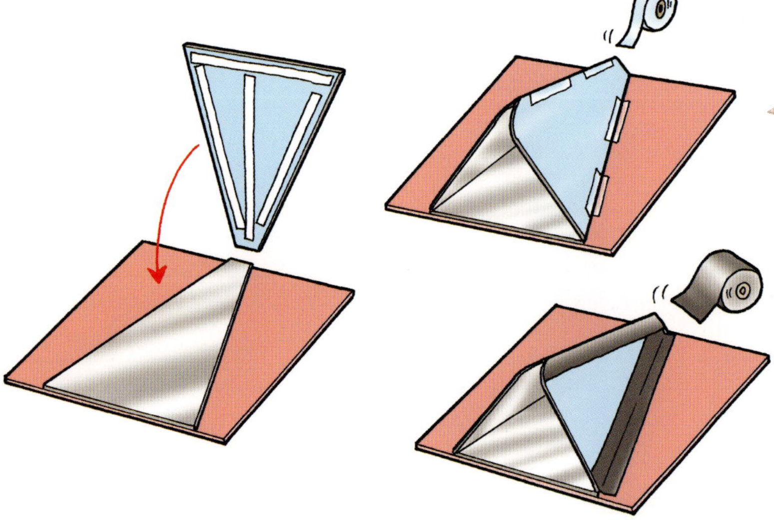

やってみよう！

例えば、
こんなものを
入れてのぞいて
みよう。

これが、
なにも入れて
いない
普通の状態。

薄い紙に
描いた模様を
見たところ。

ピンクの
リボンを
入れた
ところ。

赤の麦球を
光らせて
見たところ。

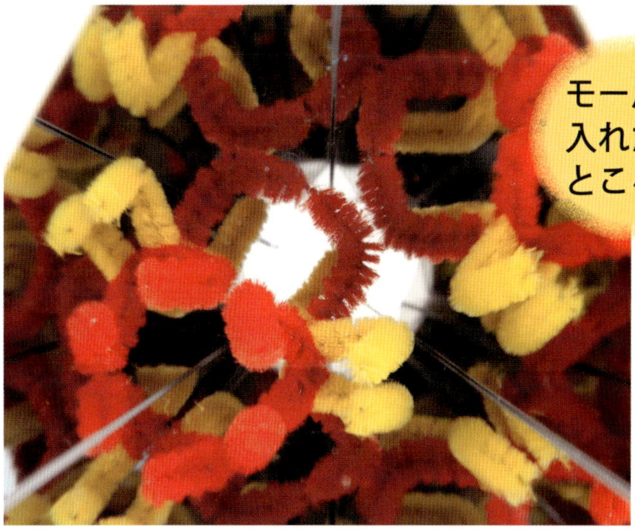

モールを
入れた
ところ。

鏡やセロハンで遊ぼう❺

鏡を作っちゃおう！

ボトルの底を切り取り、内側に黒画用紙を入れただけ。曲面の鏡になる。

曲がっていた
いもむしくんが、
真っすぐに！

身近なものを使って、
愉快な鏡を作ってみましょう。
例えばペットボトル。
炭酸飲料などの、
でこぼこのない
円筒形のものなら、
かんたんに鏡を作ることが
できます。
どんな風に映るのか、
お楽しみ！

びろ～んと
広がっていたタコが、
きゅっと
小さくなった！

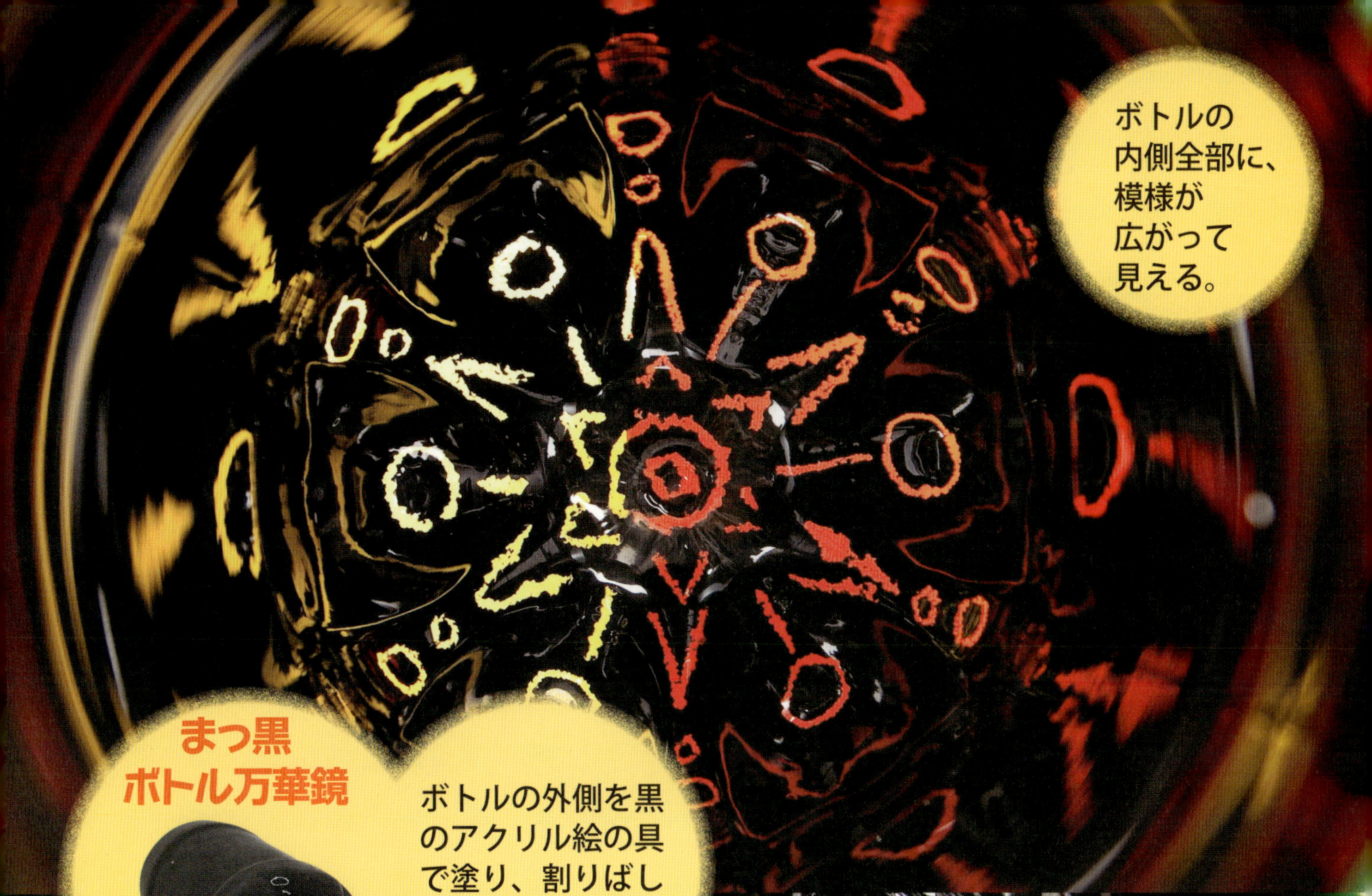

ボトルの
内側全部に、
模様が
広がって
見える。

まっ黒
ボトル万華鏡

ボトルの外側を黒のアクリル絵の具で塗り、割りばしで削って模様を描いたもの。

こちらも
ボトルの中
いっぱいに、
魚が泳いで
いる。

コップも万華鏡になるよ！

ごく普通のコップも、水を入れると鏡のようになります。模様を描いたコースターを、ほぼ真上からのぞいてみましょう。

コップに
水を入れて、
このくらいの
角度でのぞく。

コップ全体が
鏡になって、
底の模様を
映している。

まっ黒ボトル万華鏡の作り方

材料

ペットボトル
（炭酸飲料の円筒形のもの）

カラーセロハン

道具

アクリル絵の具
筆
割りばし
セロハンテープ
輪ゴム

1 炭酸飲料のペットボトルの、頭の部分を切り落とし、切り口をビニールテープでくるんでおく。ボトルの外側を、黒のアクリル絵の具で真っ黒に塗る。

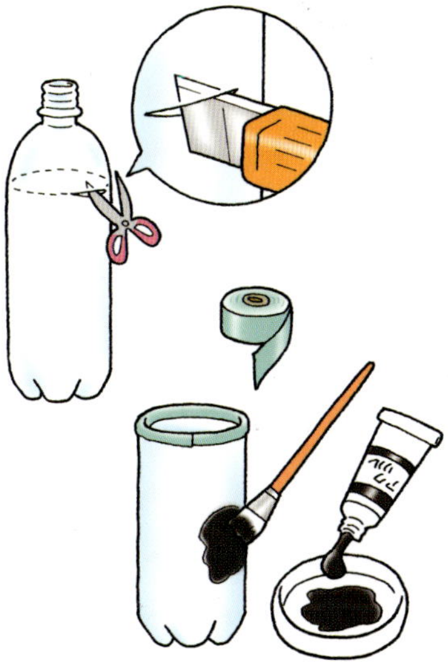

2 乾いたら、割りばしで絵の具を削って好きな絵を描く。そのままのぞいたり、カラーセロハンを底面に当てたりして、のぞいてみよう。

ポリ袋をかぶせると、ランプに変身！

まっ黒ボトルに懐中電灯を入れて、上から白いポリ袋をかぶせてみると…？　ポリ袋がスクリーンに早変わり。楽しいランプになります。

コップの万華鏡の作り方

材料

コップ（表面に細工のない、円筒形のもの）
水
画用紙

道具

フェルトペン

コップの底面より少し大きめに切った紙に、絵や模様を描く。絵の上にコップをのせ、水を８分目まで注ぎ、上からのぞいてみよう。コップは、真っすぐなずんどうのコップを使うとよく見える。

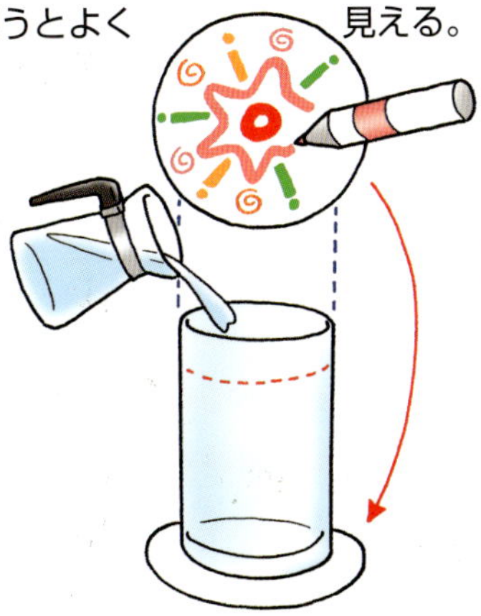

鏡やセロハンで遊ぼう❻

不思議な赤いセロハン

赤いセロハンで絵を見ると、あれれ？　強そうなライオンのたてがみが消えちゃった！　笑っているおじさんの顔も、なんだか違う顔に見えます。

赤いセロハンで変わる絵を、描いてみましょう。

にこにこの
おじさんが…
悲しそうな
顔になっ
ちゃった！

たてがみの
立派な
オスライオン
が…

かわいい子どもの
ライオンに
なっちゃった！

不思議な赤いセロハンの遊び方

材料

赤いセロハン
紙皿
画用紙

道具

はさみ
セロハンテープ
フェルトペン

1 はじめに、いろいろな色の線をフェルトペンで画用紙に描いておく。

2 紙皿の底を丸く切り取り、赤いセロハンをセロハンテープではりつける。

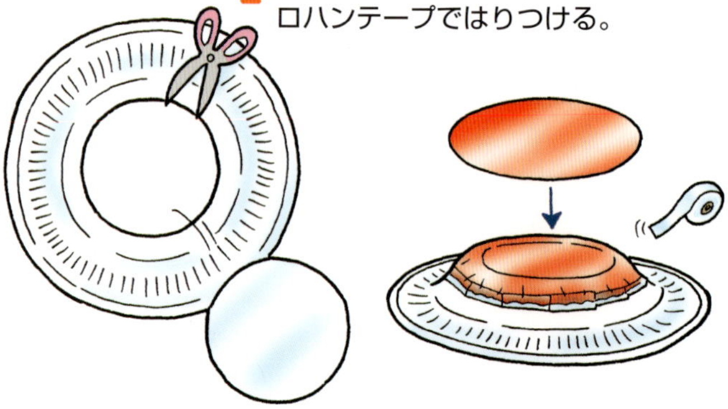

3 2の紙皿で、1の線を見てみる。どの色が見えて、どの色が消えたかチェックする。

4 3の結果をふまえ、消える色、見える色、変わる色をよく考えて、絵を描く。

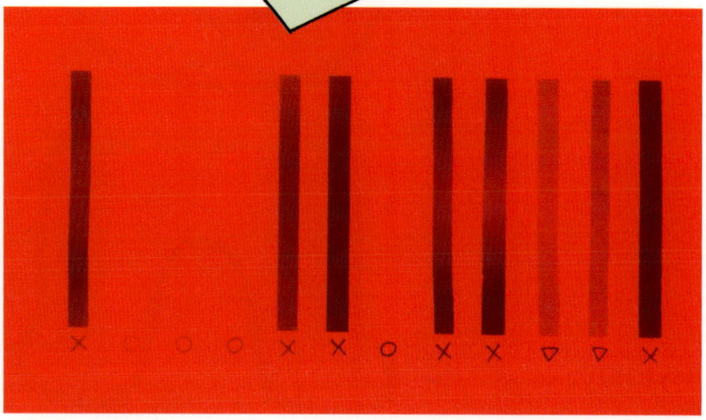

やってみよう！

変身ステンドグラス

窓に、カラーシートやカラーセロハンで作った絵をはりつけます。
窓を開けると重なるところに、別の色をはっておくと…？
窓の開け閉めのたびに色が変わって見える、
楽しいステンドグラスができました。

帽子をかぶった
男の子と、青い魚。
窓を開けると…？

帽子が緑の魚に
なっちゃった！

鏡やセロハンで遊ぼう❼

浮き出る絵!?

ものが飛び出したり、奥行きをもって引っ込んだり
見える 3D の絵や画像。
実は手作りすることもできるのです。
赤と緑のセロハンをはったメガネを作って、
下の絵を見てみましょう。
どんな風に見えますか？

背景に赤と緑の線を描くことがポイントです。
遠近法で描いた方眼や、フリーハンドで描いた格子に絵をのせて描くだけです。
いろいろオリジナルを描いてみましょう。

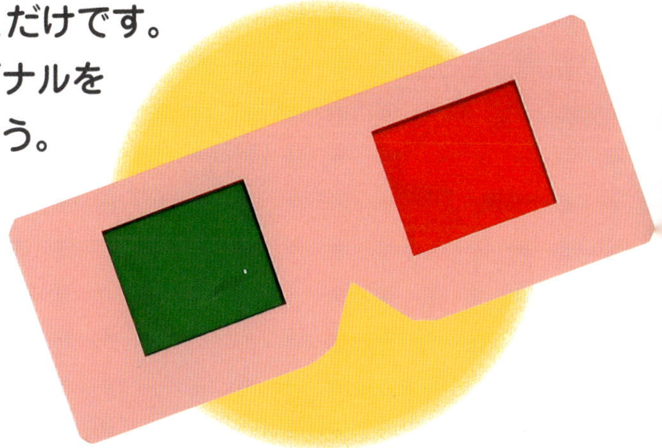

人工の光で遊ぼう❶

牛乳パックのステンドグラス

フェルトペンで描いた絵が、まるでステンドグラスのように美しく透けて見えます。
このランプシェードは、なんと牛乳パックでできています。
紙をなん層にも重ねて作った牛乳パックの、表面をはがして絵を描くだけです。

牛乳パックのステンドグラスの作り方

材料

牛乳パック
懐中電灯

道具

はさみ
カッター
フェルトペン
セロハンテープ

1 牛乳パックの注ぎ口の部分を開く。図のように４面を三角に切る。

2 ４面とも三角に切ったら、とがったところからパックの表面の紙をむいて、全体を白くする。

3 底の中央に、懐中電灯が入るくらいの穴をあける。底面は紙が重なっていて硬い部分もあるので、まず薄いところからカッターで切り込みを入れ、少しずつ切り取る。カッターを使うときは、必ず大人がやるようにしてください。

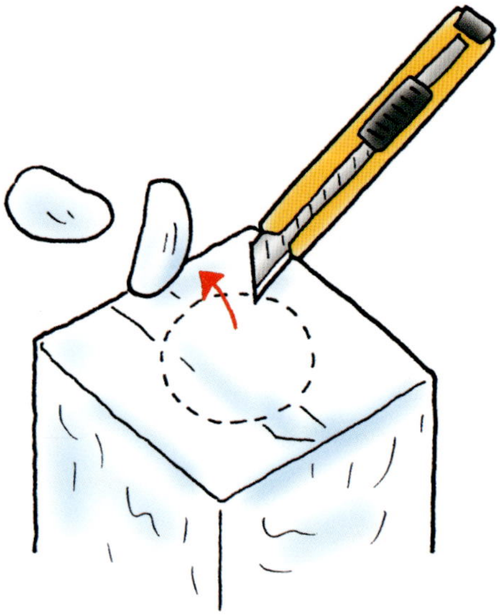

4 好きな絵や模様をフェルトペンで描く。

5 セロハンテープで上を留め、懐中電灯を入れてつける。

牛乳パックは５重の構造！

牛乳パックは、表面と内側にポリエチレンフィルムがラミネートされていて、その間に紙がある、3 層構造になっています。そしてその紙が、さらに 3 層の構造になっています。液体を運ぶ容器として使うための強度を保つため、牛乳パックの紙の部分は繊維が長い上質のパルプで作られています。そのため牛乳パックはリサイクルの優等生で、牛乳パック 6 枚で、トイレットペーパー 1 個分を作ることができます。

人工の光で遊ぼう❷

風船ランプで遊ぼう

ペンシルバルーンや風船に懐中電灯をつけただけで、
ぼんやり光るきれいな色のランプができあがります。
暗くした部屋で子どもたちに渡すと、
それだけで一気に盛り上がります。

かぼちゃ大王風ランプ

ハロウィーン風の風船ランプ。
黒い紙で目や口を切ってはると、
効果的です。

タコさんランプ

ぼんやり赤く光るタコさんランプは、
どこか郷愁をさそう懐かしさ。

ライトセーバー

ご存知“スターウォーズ”の
ライトセーバー風ランプ。
セロハンや光るシールなどを
はると、よりにぎやかに
なります。

人工の光で遊ぼう❸

ポリ袋ちょうちん

紙皿の間にポリ袋の膜を張った、
現代風のちょうちんです。
ポリ袋に描いた絵が地面や壁に
大きく投影されるところがミソです。
黒でしっかり縁取ると、映し出された絵が
くっきり見え、とても効果的です。

黒く縁取った
チョウチョウが、
こんなに
大きく映る。

おばけが
おおきく
なったぞー！

ライトセーバーの作り方

材料
- ペンシルバルーン
- 懐中電灯
- カラーセロハン

道具
- ビニールテープ
- はさみ

1 ペンシルバルーンをゴム風船用の空気入れで膨らませ、口を結んで閉じる。

2 風船の表面にビニールテープなどを切ってはり、模様にする

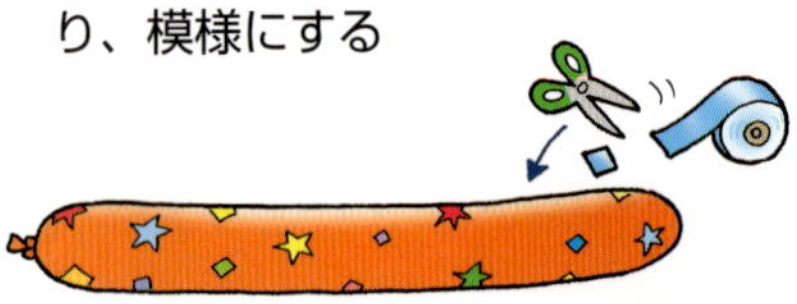

3 2を懐中電灯にセロハンテープなどではりつける。

風船ランプの作り方

材料
- 風船
- ペンシルバルーン
- スズランテープ
- 広告紙
- 懐中電灯
- 黒画用紙

道具
- セロハンテープ
- フェルトペン

1 広告紙を斜めに細く巻いていき、棒を作る。それを図のように折り曲げ、懐中電灯をぶら下げる。

2 風船を膨らませて口を閉じ、黒画用紙を切って作った目や鼻をはり、1の懐中電灯にセロハンテープなどではりつける。

3 タコ型風船ランプは、赤い風船を膨らませて口を閉じ、ペンシルバルーンではちまきをする。スズランテープを8本切り、セロハンテープで風船の下側につけ、タコの足にする。

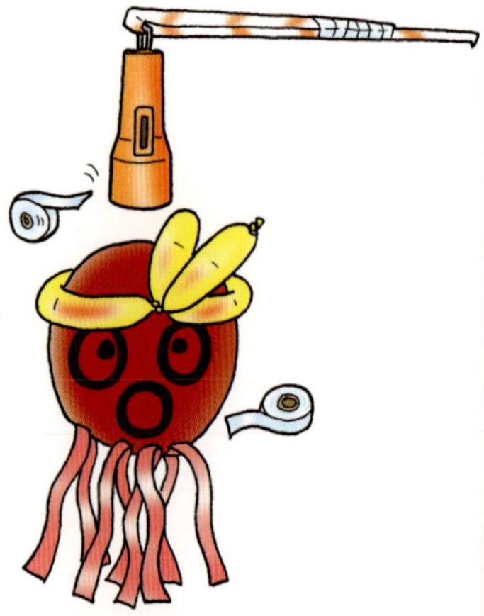

ポリ袋ちょうちんの作り方

材料

紙皿
アルミホイル
黒い紙
広告紙　懐中電灯
ポリ袋　カラーセロハン

道具

はさみ
セロハンテープ
油性のフェルトペン

1 同じ大きさの紙皿を２枚用意する。１枚の中央に、懐中電灯に合わせた大きさの円を描き、図のように切り込みを入れ、外側に折る。紙皿をくるむように、アルミホイルを両面テープなどではりつける。

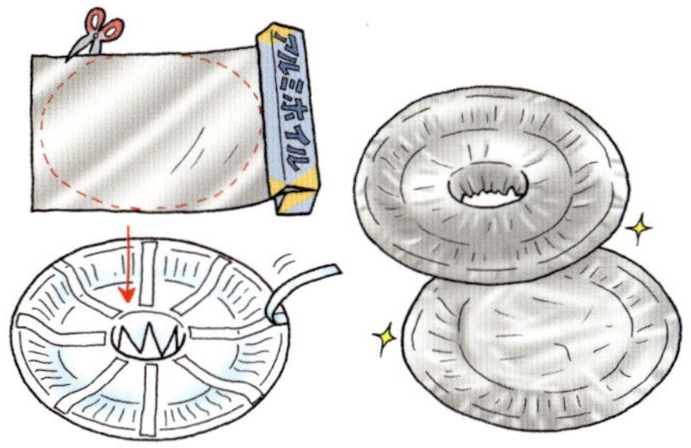

2 透明なポリ袋を切り開き、シート状にする。好きな絵や模様を油性のフェルトペンで描いたり、黒画用紙やカラーセロハンを切り抜いて、はる。

3 絵を描いたポリ袋シートの上下に、紙皿２枚をセロハンテープでつける。

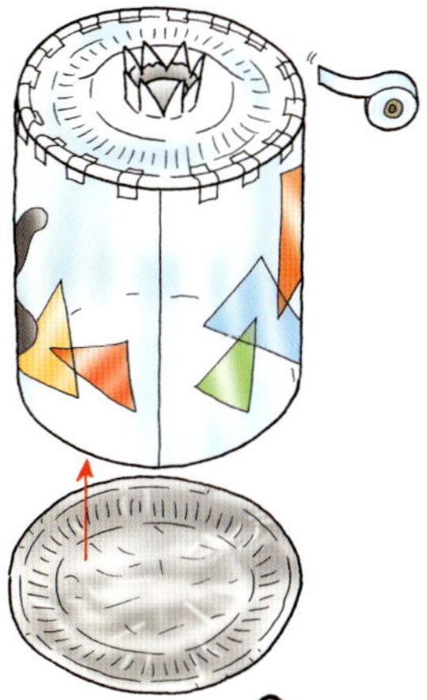

4 ポリ袋の合わせ目から懐中電灯を中に入れて、内側から１の紙皿に通し、外側に持ち手の部分を出す。その後、ポリ袋の合わせ目をセロハンテープで留める。

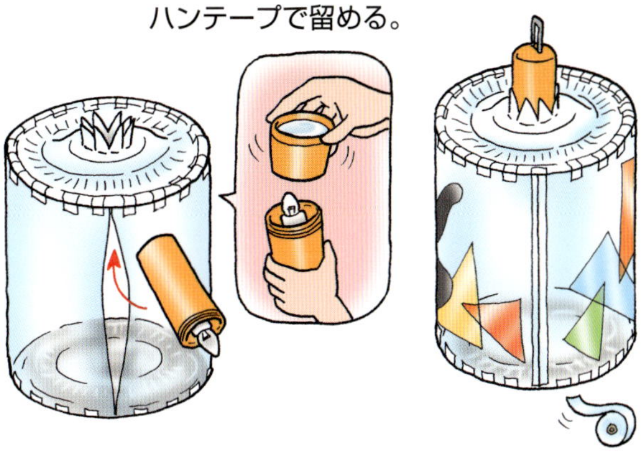

5 広告紙を斜めに細く巻いて棒を作り、懐中電灯のフックに通して折り曲げ、しっかりセロハンテープで固定する。

人工の光で遊ぼう❹

手作りプラネタリウム

アルミホイルをはった紙皿に投影用の紙を置いて、
懐中電灯で照らしただけのプラネタリウム。
暗くした部屋のすみっこで、壁や天井の 3 方向に、
手作りの星空が映し出されます。

上の円錐を回すと、
映し出された星空も
ぐるぐる回る。

人工の光で遊ぼう❺

プラネタリウムボックス

箱の中をのぞくと、水面に映ったような
虹色の光がたくさん見えます。
にじみ方がとてもきれいで、
見ていて飽きません。
大きな箱で作れば、
２～３人でいっしょに
のぞくこともできます。

手作りプラネタリウムの作り方

材料
紙皿
アルミホイル
黒い画用紙
カラーセロハン
懐中電灯

道具
はさみ
両面テープ
セロハンテープ
カッター

1 紙皿の中央に、懐中電灯に合わせた円を描き、図のように切り込みを入れ、外側に折る。

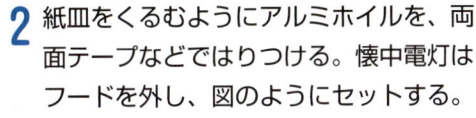

2 紙皿をくるむようにアルミホイルを、両面テープなどではりつける。懐中電灯はフードを外し、図のようにセットする。

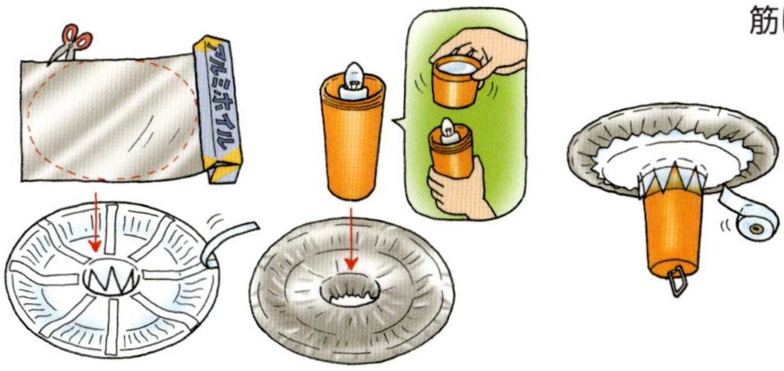

3 黒い画用紙で、2の紙皿にのせる円錐を作る。直径18cmの紙皿にのせる場合は、半径14cmの半円を描いて作ると、紙皿の内側の筋に合うちょうどよい大きさになる。

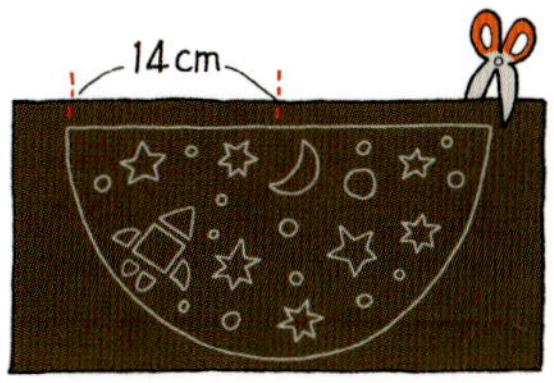

4 星形やロケット、月など好きな形を切り抜き、色をつけたい部分にはカラーセロハンを内側からはりつける。2にのせて、懐中電灯をつけ、暗い部屋で壁に投影してみよう。

プラネタリウムボックスの作り方

材料
テイッシュペーパーなどの空き箱
アルミホイル
カラーセロハン

道具
はさみ
両面テープ
布粘着テープ
千枚通し
接着剤

1 ティッシュペーパーの空き箱を図のように開く。両面テープで、内側にまんべんなくアルミホイルをはりつける。

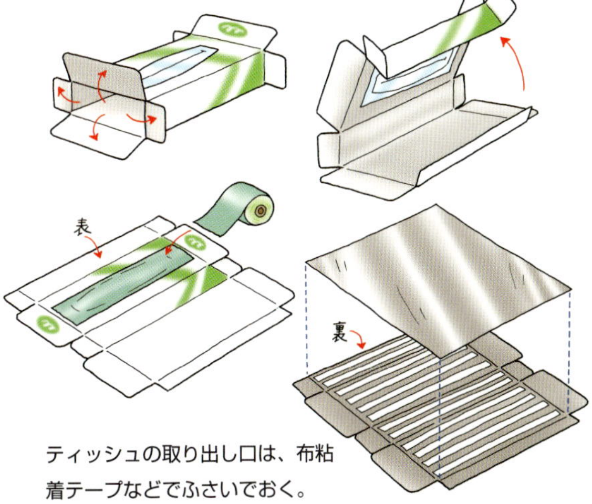

ティッシュの取り出し口は、布粘着テープなどでふさいでおく。

2 のぞき口にする側はそのままあけておき、その反対側には千枚通しなどで適当に穴をあける。箱型に組み直し、テープで留める。穴の外からカラーセロハンをセロハンテープなどではりつける。

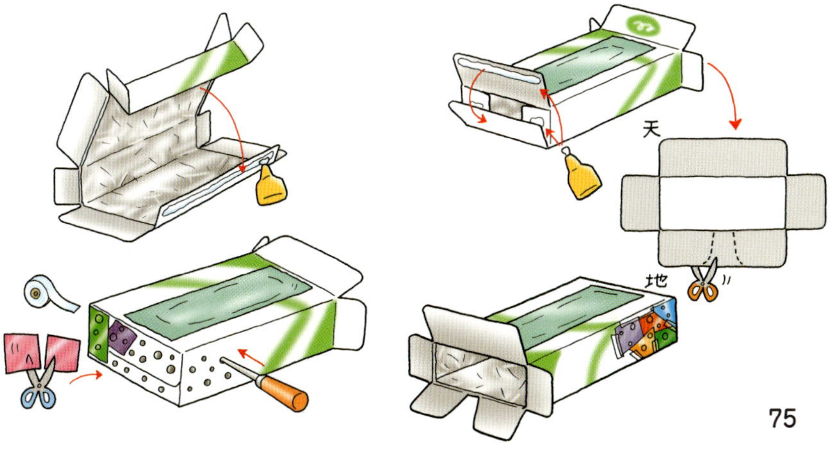

人工の光で遊ぼう❻

色つきの影で遊ぼう

懐中電灯を2つ用意して、それぞれ赤と緑のセロハンをかぶせます。スイッチを入れて、壁に映してみましょう。赤と緑の影ができ、2色が重なったところが白っぽく明るくなります。光の色の足し算では、色を足すほど明るくなるのです。

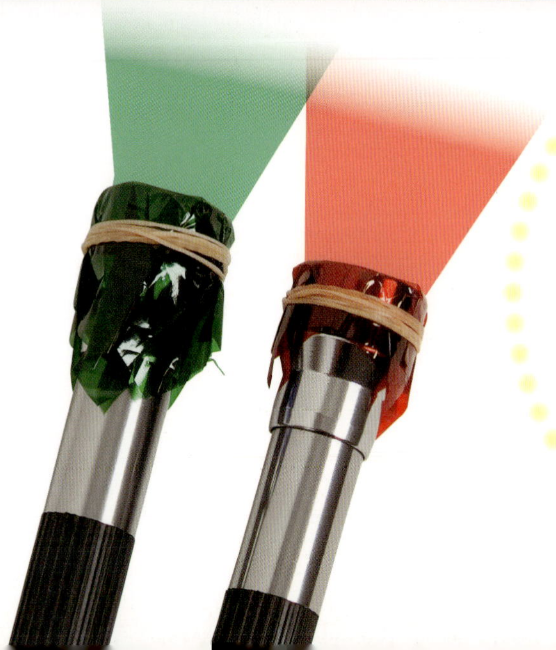

白っぽくなったところの前に、輪郭のはっきりした物を置いてみましょう。赤い影、緑色の影の2つが見えます。光源が2つあると、影も2つできるのです。

赤、緑、青の3色でやってみよう

今度は１色増やしてやってみましょう。色が増えると、重なったところはますます明るく白っぽくなります。

同じように輪郭のはっきりした物を映し出すと、赤、青、緑の３つの影ができるのがわかります。

立花愛子

造形かがく遊び作家。NHK教育テレビの主に理科番組の制作・造形にたずさわり、現在は主に幼児・保育者・親向けの出版物で、科学遊びを中心とした造形制作を行っている。保育者向けの講習会、ワークショップ、科学館の企画展示など、幅広く活躍している。近著に「びっくり！おもしろ遊びシリーズ」（チャイルド本社）「ポリぶくろであそぼう」（世界文化社）、「楽しい科学あそびシリーズ」（さ・え・ら書房）、「科学工作図鑑３冊シリーズ」（いかだ社）などがある。

佐々木伸

造形工作作家、イラストレーター。児童向け実用書の作品制作、学習参考書の理科イラスト、科学館の展示の企画・制作などを手がける。近著に「びっくり！おもしろ遊びシリーズ」（チャイルド本社）「おもしろ工作ベスト20」（主婦と生活社）、「科学じかけの貯金箱　自由研究BOOK」（いかだ社）などがある。

2006年より、編集者と造形作家で構成される「築地制作所」というユニットを作り、佐々木、立花ともにメンバーとして活動を展開。造形やかがく遊びを通して、子どもの自由な遊びを考え、提案するため、書籍、テレビ、講習会などで幅広く活動中。

企画・制作●立花愛子　佐々木伸
イラスト●横井智美
撮　　影●安田仁志
モ デ ル●鶴丸昂大　佐々木莉奈　今西春翔　高橋萌衣（セントラルファッション）
表紙・本文デザイン●坂田良子
本文校正●文字工房燦光
編　　集●石山哲郎　鶴見達也
編集協力●清水洋美

びっくり！おもしろ光遊び

2010年11月　初版第1刷発行

著　者●立花愛子・佐々木伸
　　　　© Aiko Tachibana　Shin Sasaki　2010
発行人●浅香俊二
発行所●株式会社チャイルド本社
　　　　〒112-8512　東京都文京区小石川5-24-21
電　話●03-3813-2141（営業）　03-3813-9445（編集）
振　替●00100-4-38410
印刷所●共同印刷株式会社
製本所●一色製本株式会社
ISBN ● 978-4-8054-0176-7　NDC376　26 × 21cm　80P

乱丁・落丁はお取り替えいたします。
本書の内容の一部あるいは全部を無断で複写することは、法律で認められた場合を除き、著作権者および出版社の権利の侵害となりますので、その場合は予め小社あて許諾を求めてください。
チャイルド本社ホームページアドレス　http://www.childbook.co.jp/
チャイルドブックや保育図書の情報が盛りだくさん。どうぞご利用ください。